# 点燃孩子的
# 学习动力

关于儿童学习兴趣的真相

托德老师————著

本书主要围绕"如何激发孩子的学习动力，重新点燃孩子的学习兴趣"这个话题，从儿童发展心理学的角度，提出了重建孩子的"学习动力脑"，即通过营造饥饿感、科学设定目标和计划、培养成长型思维、改变奖励方式、善用团体动力以及了解学习风格的方式，为父母展示了孩子学习兴趣的真相，同时提供了点燃孩子学习动力的方法。掌握了这些理念和方法，让孩子爱上学习并不难！

## 图书在版编目（CIP）数据

点燃孩子的学习动力：关于儿童学习兴趣的真相／托德老师著. —北京：机械工业出版社，2020.10
ISBN 978－7－111－66576－2

Ⅰ.①点… Ⅱ.①托… Ⅲ.①学习兴趣-儿童教育-家庭教育 Ⅳ.①G782 ②G442

中国版本图书馆 CIP 数据核字（2020）第 180177 号

机械工业出版社（北京市百万庄大街22号 邮政编码100037）
策划编辑：刘文蕾　　　　　　责任编辑：刘文蕾　宋卫云
责任校对：黄兴伟　　　　　　封面设计：吕凤英
责任印制：孙　炜
中教科（保定）印刷股份有限公司印刷
2020 年 10 月第 1 版第 1 次印刷
165mm×225mm・14 印张・1 插页・136 千字
标准书号：ISBN 978－7－111－66576－2
定价：69.80 元

电话服务　　　　　　　　　　网络服务
客服电话：010－88361066　　　机　工　官　网：www.cmpbook.com
　　　　　010－88379833　　　机　工　官　博：weibo.com/cmp1952
　　　　　010－68326294　　　金　书　网：www.golden-book.com
封底无防伪标均为盗版　　　　　机工教育服务网：www.cmpedu.com

谨以此书献给我的妈妈肖笛鸣女士，
以表达爱和感激。
同时也献给全世界善用智慧
养育孩子的父母们。

# 自　序

## 为什么学习变成了痛苦的代名词

在我长达 12 年的儿童、青少年心理咨询工作过程中，我会反复收到这样的提问。

"我的那个娃啊，很聪明，但就是不爱学习！你说怎么办啊？"

"我和孩子，不谈学习，风平浪静；一提学习，世界大战！"

"小朋友写作业总是要守着，只要不监督就跑去玩了，为什么？"

在被一次又一次地问到这些话题后，我开始思考一个隐藏在它们背后的问题：

**学习对孩子来说，真的是痛苦的吗？** 如果我们想当然地去判断，很可能就会得出"要学好就得受苦"这样的结论。毕竟名言、俗话在那里摆着，比如：

书山有路勤为径，学海无涯苦作舟。

吃得苦中苦，方为人上人。

No pain no gain（没有"痛苦"，就没有收获）。

从小到大被灌输了太多这样的理念，我们很容易认为——学习多多少少都和痛苦有关，而孩子不爱学习的主要原因就是"吃不了苦"或者对学习没有毅力、不认真。只有吃苦才能学好！一旦得出这样的结论，广大父母就可能会陷入一场"没有胜利者的战争"，过程一般还很相似。

首先，父母发现孩子在学习某样东西的时候不专注或者不能坚持，于是得出结论——孩子"不认真""吃不了苦"。然后，父母开始搜索各种原生态的解决办法，通常体现为四种劝学"流派"：

①画饼流：告诉孩子学习有多重要，"学习决定了你未来的财富、地位、幸福程度……如果你不努力学，你就会变成失败者"；

②大棒流：用父母的权力和威严督促孩子认真学，这也就是所谓的"虎妈狼爸"哲学；

③卖惨流：如果孩子不好好学，就告诉他："爸妈养你多不容易，为你付出了太多，你还不认真学习，对得起我们吗？"

④诱惑流："你如果能够考到多少分或者进步到多少名，我就给你买你最喜欢的×××"。

最后，如果发现其中某一招不好用就会切换到其他几招上，或者几招并用，直到孩子表现出貌似"好好学习"的顺从行为，或者让孩子变得"油盐不进"，彻底放弃学习。

客观地说，这四种方法对于某些孩子和某些场景是有用的，都有可能让孩子努力几天甚至几个月。包括我自己曾经也是被这些方法

"激励"的孩子，在第五章中，你会看到我是怎样被妈妈的奖励"诱惑"，短暂成为学霸，而又在几个月里面快速变成"学渣"的故事。

其实，这几种劝学方法背后的逻辑是一样的：学习是苦的。

为了未来的前途，现在要吃苦；

你不认真学，就要吃爸妈给你的苦；

你不好好学，爸妈就会难过受苦；

学习是苦的，所以需要奖励和诱惑来激励你，就像小孩子每次生病吃药后都会得到一颗糖那样……但是，问题在于如果学习就像苦药一样，哪个孩子会自觉自愿地每天都主动去吃呢？经常使用"四大流派劝学战术"的父母，一定会发现这些方法的效果确实难以持久，特别是在孩子一天天长大以后。当孩子不愿意"吃苦"而你又一定要逼他的时候，"家庭战争"就爆发了。于是我们就看到了一幕幕父母为了孩子作业问题而咆哮、心脏病发作，甚至跳楼的惨剧。

问题出在哪里呢？

核心就在于，一些父母对于孩子学习这件事情的根本看法出了问题。

学习并不是痛苦的事情，如果合理引导，它可以是充满乐趣的！

## 不是学习的问题，是认识的问题

> 学习的最大动力，是对学习材料的兴趣。
> 
> ——美国著名心理学家、教育家本杰明·S. 布鲁姆

说实话，学习本身并不存在苦与甜之分，之所以认为学习或苦或甜是因为不同人对学习的感觉不同。我发现人们对于学习的看法呈现两个极端——有的人会说自己从小就不是学习的料，一提读书就犯困、头晕；而另外一部分人会说他们是多么喜爱学习、看书，甚至觉得自己"学习成瘾"，恨不得一天有额外的24小时可以用来学习。产生这种差别的原因在于，孩子刚开始接触一些"学习任务"的时候，形成了怎样的印象。著名的儿童教育家**玛利亚·蒙台梭利**就提出了儿童成长"敏感期"的理论，说的是儿童在每一个特定的时期都有种特殊的感受能力，这种感受能力促使他们对环境中的某些事物很敏感，很有耐心，注意力很集中，而对其他事物则置若罔闻。这个时期也是他们相关能力突飞猛进发展的关键期。比如，孩子的语言学习敏感期是0~6岁，社会规范学习敏感期是2.5~6岁，书写阅读敏感期是3.5~5.5岁，文化敏感期是6~9岁，这些都是孩子对"学习任务"形成印象的关键期。**这也就意味着，对学习有没有动力，与孩子当时对学习形成的看法有很大关系。**在这个时期，如果正确引导，孩子也许会成为一个终身学习者，每当他因为学习而获益，这种感受又会再次强化他对学习的喜爱；但如果引导不当，孩子就会对学习形成了抵抗心理，把学习和痛苦的感受联系在了一起，那他未来面对学习时很有可能会选择逃避。道理很简单：生物体都有趋利避害的倾向。进一步地说，我们都在追求快乐，而避免痛苦。快乐才是学习持续不断的动力源，而痛苦引发的动力是短暂的。

诺贝尔物理学奖获得者杨振宁曾有这样一件往事：有一次杨振宁回母校，看到校门口挂着一条横幅：书山有路勤为径，学海无涯苦作舟。他坚持让校方把横幅拿下来，并且自己重新题了一幅：书山有路勤为径，学海无涯乐作舟。将"苦"改成了"乐"。当然，这里的"苦"是指尽力、刻苦，而杨振宁教授将其修改成"乐"无非是想强调"乐趣"的重要性。

其实，"痛苦"和"快乐"都可以作舟，只是过程和结果可能都不一样——**以苦作舟，苦海无涯；以乐作舟，乘风破浪！**而早在一千多年前，孔子就发出了同样的感慨："知之者不如好之者，好之者不如乐之者。"这也再次说明了，以不同观点去培养孩子的学习能力，结果是大相径庭的！而一旦基本观点出错，"痛苦"就会逐渐成为学习的代名词。

### 孩子是如何一步步丧失学习动力的

很多家长会说："我也知道要让孩子快乐学习，但一开始他们就不喜欢，那我有什么办法呢？"其实，孩子最初几乎对所有事物都有好奇心，而兴趣能否持续，取决于父母的引导方式。错误的方式很容易让孩子失去兴趣和动力。其中就有四种最容易打击孩子学习动力的方式：

1. 过于枯燥，缺乏趣味：如，要求年幼的孩子像成人一样，坐好认认真真地听讲；

2. 过于急迫，缺乏饥饿感：如，孩子没兴趣，父母迫不及待地为孩子选择学习项目；

3. 过于功利，错误认知：如，过早地把学习和孩子未来的成就、利益结合到一起；

4. 错误实施奖励或惩罚：如，奖励了孩子本应做好的事情，而惩罚了孩子做不到的事情。

### 过于枯燥，缺乏趣味

有一次，我到一位朋友家做客。当时，朋友的妻子正在教3岁的女儿学英文。妈妈说一个单词，要求孩子跟着念一个单词。刚开始孩子还能集中精力，但5分钟以后，小女孩就觉得有点枯燥，开始到处乱动，也不认真准确地模仿妈妈的读音了，而是用一些怪异的发音和动作来给自己找乐子。妈妈一看就发脾气了，说："宝贝，认真点！学习就是学习，玩就是玩，知道吗？"孩子听了以后，虽然有点收敛，但明显不想再跟着学了！

坐在旁边的我，忍不住告诉孩子的妈妈："您如果每次都这样教孩子学英文，我敢保证，她将来一定不会喜欢英文的。"这位妈妈疑惑地问："为什么啊？"我说："你想啊，每次孩子开始学习英文的时候最先会想到什么？是不是妈妈严肃的表情、皱起的眉头、充满威胁的语气，这会让她感到快乐还是紧张呢？"这位妈妈沉默了。

当我和女儿一起学单词的时候，我通常会尽可能地把这个过程做得像游戏一样。丰富的表情、夸张的动作，有时候还会融入一些故事情节，经常把女儿逗得前仰后合。在不知不觉中，她对单词的记忆变得非常深刻，而每次用英文对话的时候，她想到的是和爸爸、妈妈玩游戏的快乐情景，心情自然也变得愉快起来。对于3岁的她，我们以兴趣为基础重点引导了她对英文和绘本阅读的学习，而她真的对英文和阅读近乎痴迷。每天固定要求读绘本1小时，学英文30分钟，如果不叫停，她还会要求继续下去。一个3岁的孩子在没有任何强迫的情况下提出这种学习要求，是我当初也没有预料到的。

很多人小时候可能都听过这样的教导："学习的时候就好好学习，玩的时候就好好玩。不要弄得学也没学好，玩也没玩好！"这样的话乍一听，真的很有道理。但这是成人的法则，不一定适合孩子。20世纪著名的儿童教育家玛丽亚·蒙台梭利就说过："儿童有自己的工作，一种伟大的、重要的和困难的工作，那就是造就人的工作。"孩子的"工作方式"，是在游戏中创造自己，兴趣是第一要素。**孩子很少关注有用，而更关注有趣！** 如果把孩子学习的过程变成一件正儿八经、严肃刻板的事情，我敢保证小朋友们会很快失去兴趣。

曾有很多家长向我咨询：为什么孩子刚开始参加培训班还挺喜欢，结果没去几次就失去兴趣了呢？了解情况后，我发现有很大一部分孩子丧失兴趣，是因为培训班采取了成人化的教学——要求孩子规规矩矩坐好，不能乱动、说话，然后把知识点和动作分步骤教给他们，而不是用孩子喜欢的游戏方式来开展教育。这些培训机构违背了儿童学习发展的普遍规律，甚至可以说，他们根本就不具备开展儿童教育的资格。

### 过于急迫，缺乏饥饿感

有一位妈妈曾经告诉我一个她感到困惑的现象。她发现自己的女儿对绘画很感兴趣，每天从幼儿园回来都会非常认真地用铅笔涂鸦大半个小时，而且每天如此，几乎不间断。妈妈觉得很高兴，感叹终于发现孩子的兴趣所在了！于是她兴冲冲地买来了各种绘画用品：全新的纸张、彩色蜡笔、水彩笔、立式画板、黑板、简笔画图书、儿童绘画教学视频等，准备用这些作为开启未来小画家的"启航仪式"，脑海里也充满了各种美好的憧憬。不过，奇怪的是，当妈妈买了这些绘画的成套装备以后，孩子似乎突然对画画失去了兴趣，放学后也不那么频繁地拿起画笔了，有时候甚至三四天都没有画一幅画。妈妈反复催促，孩子才会不情愿地在纸上糊弄两下，之前那种热情不知道为什么就烟消云散了！好像妈妈越积极，孩子越冷淡。

这个案例其实说明了孩子的学习兴趣经常是出于好奇心自发形成的。如果在没有人干预的情况下，是很可能自然保持下去的，因为他们会在探索的过程中被每一次取得的小成果而激励。但如果这种自然探索的节奏，被外界力量推动或强行加速，好奇感、稀缺感就会迅速消失。就像孩子发现苹果甜甜的很好吃，他们可能自己会每天向妈妈要苹果吃，但是如果妈妈因此每天让他必须吃两个苹果，他可能接下来半年都不想吃一个苹果了。人的心理规律和物理规律不一样,我们向一个物体施加一个方向的力,它就会向某个方向运动。而心理规律中却存在着很多反向运行的机制:比如,20世纪颇具影响力的心理学家西格蒙特·弗洛伊德就提出过"反向形成"的概念,说的是:自己内心明明很渴望的事情,但是因为世俗的限制,就做出和想法相反的事情,变成了口是心非。

在我们生活中,还存在着很多这种"反着来"的心理现象:越是稀缺,越追求,哪怕没有什么实际价值;越是强迫,越没动力;越炫耀什么,越缺乏什么……所以,培养孩子的学习动力只能是用符合他们心理规律的方式引导,没有办法强行植入。

### 过于功利,错误认知

每隔两三年,我都会在国内知名的心理医生论坛上,听到同行们分享的与儿童学习相关的案例。比如,一些高学历的家长为了让孩子领先一步,逼着3岁的孩子学习欧洲史、听英文名著原声音频;有的小朋友刚刚上幼儿园中班,就已经报了6门以上的兴趣班;有的孩子小学还没开始就已经没有了周末,比上市公司"996"制工作的员工还忙。结果有大量超负荷学习的孩子患上了焦虑症、抑郁症,被迫来到儿童精神科门诊接受治疗。

还有很多家长机械地认为"玩"可以开发智力,于是就给孩子买了一屋子的玩具,希望通过丰富的感官刺激,让孩子在游戏中学习。

结果他们的孩子非常焦虑，专注力远远落后于同龄的小朋友，而且自控力薄弱。他们带孩子来到心理治疗中心，才知道太多的玩具反而破坏了孩子的注意力发展，导致孩子缺乏关注的焦点。家长一片好心，却得到了一个不愿意看到的结果。而当家长扔掉90%的玩具以后，孩子的注意力才逐渐地恢复过来。

功利式的学习容易让孩子只专注于学习的外在价值，关注学习能带来什么现实好处。这样首先就导致孩子失去了学习探索本身的乐趣。另外，学习什么，有没有价值，根本就不是我们现阶段能够判断得出来的。曾经那些被认为最热门的专业，现在很可能已经日薄西山、无人问津。

如果我们能让孩子进行更自由地探索，也许可以更好地让孩子感受到学习本身的快乐，而这种充满乐趣的学习价值可能更大。

苹果公司创始人史蒂夫·乔布斯在那次著名的斯坦福毕业演讲中就说道：

我凭着直觉和好奇心所干的事情，此后很多都被证明是无价之宝。我当时就读的里德学院的书法课大概是全国最好的。大学里的每张海报和每个抽屉标签上面的字都写得很漂亮。我因为退学了，不用正常上课，所以决定去参加书法课程，好好学学写字。我学会了带衬线和不带衬线的字体，根据不同字母调整间距以及怎样把版式调得很漂亮。这门课太棒了，是一种科学永远不能捕捉到的既美丽又富有历史价值的艺术精妙。当时，我并不指望书法能有什么实际应用的价值。但是十年之后，当我们在设计第一台 Macintosh 电脑的时候，所学的一切都浮现在我的眼前。我把这些东西全都设计进了 Mac。那是第一台有这么漂亮的文字版式的电脑。如果我当时没有参加那个书法课程，Mac 就不会有这么多丰富的字体以及合理的字体间距。

### 错误实施奖励或惩罚

还有的家长会把玩具、美食和金钱作为让孩子好好学习的奖励，希望能靠"重奖之下必有勇夫"的逻辑，让孩子动力满满，但最终的结果大多都会令他们失望。

这些都反映了现代家长对待儿童学习的过度干预。他们认为，"只要我提供足够好的学习条件，或者足够有诱惑力的奖品，就能让孩子爱上学习"，但这是禁不住论证的。

哈佛大学经济学者罗兰·弗莱尔（Roland Fryer）教授曾花大钱做了一个实验，名字叫"给钱是答案吗"（Is Cash The Answer）。他想要搞清楚：金钱刺激是不是可以换来孩子学习的好行为和好成绩。

在 2006—2007 学年，他的科研团队集资 630 万美元作为奖金，奖励给 1.8 万名中小学生，看看这些奖励能不能给学生们带来想要的变化。

实验在美国四个大城市的中小学中开展，包括芝加哥、达拉斯、华盛顿特区和纽约市。大多数参与者都是平时缺少学习动力的学生，考察指标主要是阅读表现和阅读成绩，每个城市的方法大不相同。

比如，达拉斯共有 1780 名二年级学生参加实验。规则是：每个学生每读完一本书后，成功完成这本书的阅读机考小测验，就可以获得2美元。而在芝加哥，共有4396名学生参加调研，评价标准是平时的学习成绩：小测、单元考核，还有作业。规则是：每次学生得了A，可以得到50美元；得了B，得到35美元；得了C，则得到20美元。每个学生都建了银行卡，奖金直接打到银行卡里，等他们上了大学这些钱才可以启用。在华盛顿特区，共有3495名六、七、八三个年级的学生参加实验，如果他们能天天来上学，有提高阅读能力的行为，那么他们每两周可以获得的奖励高达100美元。在纽约市，共有8320名学生参加，考试高分则获高奖金。例如：每次考试成绩好（即得分在87~100分之间），四年级学生可以得到25美元，七年级学生可以得到50美元。

可以获得这么大力度的奖励，孩子的阅读和考试成绩会提高吗？研究结果是这样的：达拉斯二年级的学生读书更多了，英语阅读考试比没有给奖金的学生有了大幅度提高。芝加哥的结果喜忧参半：上学出席率有所提高，作业完成率和阅读表现有些提高，但考试成绩没有特别的变化。华盛顿特区的学生出席率和阅读习惯都有了改善，考试成绩也有些提高。纽约市结果最糟：150万美元付给了8000多个孩子，但他们最后的考试成绩比没拿奖金的对照组还低！150万美元打水漂了！

弗莱尔教授用实验证明了：物质、金钱的奖励方式，并不是提高孩子学习成绩和学习能力的好方法，甚至有时候还是有害的。

### 学习的关键到底是什么

大道至简，要想成为一个善于学习的人，有两个关键因素：

**第一，学习动力；第二，学习能力。**

**"学霸"就是那些学习动力充足而且善于学习的人**。所以，从宏观的层面来说，搞定学习这件事情只需要从两个方面入手就够了——点燃学习动力，提升学习能力！

学习动力和学习能力看起来是两件事情，但本质是紧密关联的。当一个孩子有足够的学习动力以后，他会主动提升自己的学习能力；而当他因为学习能力的提高获得了积极的反馈和成绩，又会反过来进一步提升他的学习动力。两者之间，属于互相促进、相辅相成的关系。

我们一般认为：年龄越小的孩子，因为大脑中负责情绪部分的脑区控制力占主导地位，这时候，我们越应该把重点更多地放在对他学习动力和学习兴趣的培养上；而随着年龄的增加，儿童大脑的理性思维能力逐步增强，我们就可以慢慢地把重点转移到对他学习方法和学习技能的培养上。所以，我们这套书一共分为两本：一本集中来谈如何激发孩子的学习动力（本书），另一本谈如何提升孩子的学习能力。我希望这两本书是可以把学习的两个关键概念和实操方法详细展现给大家的作品。

学习动力和学习能力就像是左脑和右脑的关系一样，组成了我们的"学习脑"，一边掌控着源源不断的能量输出，另外一边掌握着各种巧妙的技法。两者合一，相互配合，学习脑就会变得十分强大。比如，特斯拉和 SpaceX 公司的创始人埃隆·马斯克就是一个拥有着强大"学习脑"的人。每次他遇到工作中自己不懂的领域时，一般不是全部委托给专业人士，而是花 7 ~ 10 天自己重新把这个学科学习一遍，有时候他的见解能快速地超过这一方面的专家。美国前总统乔治·H·W·布什，在任期间还能保持一年阅读 95 本图书的学习强度。这也都是因为，他们将学习脑的两个部分，都训练得很强大。

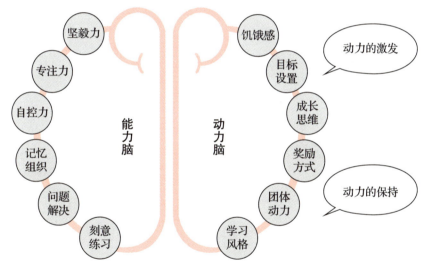

学习大脑图

### 如何提高孩子的学习动力

学习动力就像一辆汽车的动力系统，想要续航持久、高效，全都依赖这一套体系。而对孩子学习动力的培养也由两个部分组成，分别是：

1. 激发学习动力；
2. 保持学习动力。

在激发学习动力方面，我们会从电子游戏如何激发孩子的动力开始，逐步讲到如何培养孩子的"学习饥饿感"，帮助他们塑造"成长型思维"，以及通过目标和计划点燃动力。而在保持学习动力方面，我们将会仔细讨论各种奖励在保持学习动力中的作用，如何通过团体动力维持孩子的学习动力，以及学习风格理论对于提升学习动力的启示。

最后，我们将聊一聊家长应该在激发和保持孩子学习动力过程中扮演什么样的角色，以及如何培养一种有利于学习的亲子关系。

本书所分享的与学习动力相关的理论和方法，都以心理学家的实证研究成果为依据，期望能给你呈现一套科学的知识网络和系统方案。当然，写这本书的本质目的，除了呈现孩子学习兴趣的真相，助力大家正确引导孩子爱上学习，还希望我们每一位父母能够把孩子当成一个活生生的、有七情六欲的人来看待，尊重和理解孩子的心理需求，并且用更加"以人为本"的方式与孩子相处。这样的父母对于每个尚且年幼的孩子来说，将会成为坚定的支持者和温暖的陪伴者。

接下来，我们就一起开启这一场学习之旅吧！

托德老师

# 目 录

自 序 为什么学习变成了痛苦的代名词

## 第一章 关于学习动力，游戏可以告诉你一切

电子游戏最懂孩子的"学习大脑" ...003

游戏和传统学习方式的 PK ...006

如何用游戏机制激发孩子的学习兴趣 ...016

## 第二章 营造饥饿感：让孩子感兴趣的第一步

一个关于饥饿感的实验 ...025

心理学家是如何用饥饿感激发孩子兴趣的 ...027

孩子不爱学习，我们错在哪里 ...032

营造饥饿感的五步法 ...033

## 第三章

### 3 正确的目标和计划：学习动力的源泉

为什么目标、计划可以激发学习动力 ...048

如何制定一个正确的目标：善用 SMART 工具 ...051

如何制订一份合理的计划：日历式计划法 ...058

如何有效执行计划：专注、改进，留出弹性时间 ...065

## 第四章

### 4 成长型思维：学习动力持续的保证

两种思维模式的对比：哪个更利于孩子成长 ...082

如何获得成长型思维：成长三角形训练法 ...085

如何用"表扬"培养成长型思维 ...091

## 第五章

### 5 如何用奖励保持学习动力

物质奖励的方法与注意事项 ...099

代币法：完成批量行为的奖励 ...103

超级奖励并不是激发动力的最佳选择 ...108

犹太人的奖励方案：观察学习 ...112

奖励的终点：无须奖励 ...116

## 第六章 6 为什么大家一起学更快乐

| | |
|---|---|
| 难忘的学习小组：组团学习的乐趣 | ...122 |
| 可以利用的三种团体动力 | ...124 |
| 如何鉴别促进学习动力的团体 | ...128 |

## 第七章 7 学习风格：找到孩子的动力特点

| | |
|---|---|
| 什么是学习风格 | ...138 |
| VARK 学习风格理论 | ...139 |
| 认知风格对学习的影响 | ...144 |
| 学习风格对于提升学习动力的启示 | ...152 |

## 第八章 8 自主学习：父母应该扮演什么角色

| | |
|---|---|
| 做一名园丁，而不是木匠 | ...156 |
| 成为园丁型教练，让孩子爱上学习 | ...157 |
| 园丁型教练的六大核心能力 | ...162 |

参考文献 ...177

Boost your kid's
desire to learn

truths about
children's
motivation in learning

第一章

# 关于学习动力，
# 游戏可以告诉你一切

**学习动力，与什么有关呢？** 可能大家会说与心理有关，那心理又与什么有关呢？现代科学研究发现，脑是心理的器官，也就是说几乎所有的心理现象，都可以溯源到我们脑的活动当中。在我们的脑中藏着掌握身体各部分技能和各种行为的功能分区。其中，掌管心理动机的是大脑的"奖赏中枢"，它负责分泌多巴胺这种神经递质。当你完成了一件乐高作品，赢得了一场围棋对局，或者在一次考试中获得100分，或者在风景如画的地方野餐并且获得了美好的体验，这都会带来更高水平的多巴胺。相反，那些失败、无聊、空虚和绝望的体验，则对应着较低的多巴胺水平。心理学家认为多巴胺是驱动力的关键所在，而人的动力水平也会随着大脑分泌多巴胺的水平升高和降低。从现实意义上说，什么东西最能够激发或调节多巴胺水平，它就可能是掌握"动力秘密"的钥匙。经过我们仔细地寻找，反复地对比，这把钥匙可能藏在一个叫作"电子游戏"的东西里。

## 💡 电子游戏最懂孩子的"学习大脑"

大部分家长可能认为,电子游戏和学习是水火不容的两种事物,孩子的学习就是被电子游戏给耽误的。不过,大家有没有想过:为什么电子游戏能够让孩子欲罢不能,即便是在游戏里被虐千百次也能够百折不挠,继续努力通关而不放弃?要知道游戏里面的平均失败概率是超过 90% 的啊!但是看上去并没有那么多挫折的学习(这里指传统学习方式),却让孩子哈欠连天、兴趣索然呢?背后的原因就在于,游戏是以刺激大脑奖励中枢、促进多巴胺分泌为原理而设计的,它最核心的逻辑就是如何让玩家继续玩下去。所以,你会发现在游戏过程中,孩子包括你自己,都能够体会到一种超常的大脑活跃感,而这种活跃感来自那种"艰苦的乐趣"。像运动比赛、棋牌游戏、桌面游戏及电脑和视频游戏,都属于这样一种活动。

这种活动会让你产生各种丰富的感受,比如紧张、快乐、自豪、满足、专注,等等。像"自豪"这样的情绪就是我们能体验到的最有力的因神经化学物质释放而产生的快感之一。它涉及大脑奖赏回路的三个不同结构,包括中脑多巴胺中心,这是跟奖励及上瘾最典型相关的地方。比如,一个孩子在开黑(自己人组队,实时交流)5v5 的英雄联盟对战中,通过合理的战术安排战胜了高等级的对手,这通常会被孩子们津津乐道几天甚至几周,而这背后就是自豪感引发的快乐延续。那些优秀的游戏,很容易唤起玩家积极的情绪,鼓励他们继续玩,哪怕是面对经常失败并且很艰苦的游戏任务。

当然,可能有人会说:游戏再吸引人,终究不是在玩吗?它可以让人学习更多的知识和技能吗?它的机制能运用到学习上吗?

完全可以!

### 最近发展区

实际上,心理学家认为玩游戏和学习之间并没有明显的界限。可以说,游戏和学习是一对双胞胎。孩子越小(学龄前),学习的方式越接近游戏。而随着年龄的增长,学习可以逐渐精简一些玩游戏过程中不必要的动作,从而变成一种更加简练和高级的"思维游戏"。比如,年龄小的孩子学习数学,经常喜欢"以物代数"。他们通过把 2 个苹果放到 5 个苹果堆里面,才能明白 $2+5=7$。当然,这个过程也可以通过动画演示来完成。而等他们长大一些,就会觉得直接用阿拉伯数字进行四则运算更简便、高效。这时候,我们只需要在孩子做对的时候,给予反馈就可以了。这样孩子就完成了从纯游戏化学习到部分游戏化学习的过渡。

关于人类大脑学习机制的研究,从来没有停止。只是这些研究成果很多都被电子游戏应用起来(包括成瘾机制),而我们的教育系统却似乎对此视而不见。

比如,**苏联著名的教育心理学家维果斯基(Lev Vygotsky)提出人**

# 第一章 关于学习动力，游戏可以告诉你一切

**类在学习的过程中存在一个关键的区域，叫作"最近发展区"。他认为，每一个人的学习都有两种水平，一种是你现有的水平，就是你现在解决问题的能力有多强；另一种是你可能达到的水平，也就是通过教育之后你能发挥的潜力。从你现有的水平，到你通过教育达到的水平之间的这个区域就叫作最近发展区。** 如果对孩子的教育围绕着这个区域来进行，将会促使每个孩子顺利而快速地学习新的知识与技能。而要把这一个研究成果应用到生活和学习中，就需要家长和老师每次都为孩子提供有一定挑战但又不是太难的学习内容，这样孩子将会被这些"踮着脚就能摸到"的学习任务所激励。

我们其实都有过这样的经验，当一件事情，我们付出了很大的努力且最终完成时，比我们完成一件简单任务或者没有完成任务更快乐。而总是面对最近发展区的学生，他们的大脑同样很容易因为迷恋这种兴奋感而对新的学习产生期待，甚至上瘾。遗憾的是，当前很多教育者并不能很好地把握最近发展区的原则。由于每个孩子的认知水平不一样，所以有时老师授课的内容和布置的作业，不是太难，就是太容易。让学生们不是觉得无聊，就是觉得备受打击。

而很多电子游戏都是采用难度逐级升高的闯关模式，容易打的关卡会很快通过，直到玩家遇到最近发展区。而如果遇到了太难的游戏任务，现在的游戏设置还会有一个自动降低难度的系统，便于玩家回到能够掌握的程度，等到他们技能足够熟练以后，再向高难度发起挑战。如果学习可以设计成这种模式，孩子几乎都不需要旁边有个家长

或老师来指导，就可以自己沉浸在那种"可以战胜的挑战"当中。这就是为什么玩游戏时孩子的创造力、注意力、记忆力都处于一个"小超人"的状态。这让很多家长感叹："你要是把这点聪明都用在学习上面该多好。"**但其实，并不是孩子没用心，只是他们被游戏设计所激发，而没有被学习设计所激励。**也可以说，游戏的设计大量运用了学习心理学，而传统的教育没有足够重视这一部分。这不能不说是一件遗憾的事情！

就好比一个人去买车，一辆是最新款的特斯拉 Model-S，另一辆是 1927 年款的福特 T 型老爷车，从性能、舒适度、外观、安全性出发（不考虑收藏价值），他会选择哪一种呢？传统的学习模式，就像是福特的老爷车，太过陈旧，没有办法吸引客户光顾。而游戏就是在任务中，把知识不知不觉地融入进去，一定会比那种板着脸、死记硬背地学，效果更好！另外，还有很多进化心理学的研究发现，不光是人，**很多灵长类动物的学习其实都是在玩的过程中实现的**。这也就可以理解我们在前面提到的那句话"学习就是学习，玩就是玩"，是如何把游戏与学习对立起来的。

## 💡 游戏和传统学习方式的 PK

对于学习动力的激发，游戏和传统学习方式相比，还真不是一个"最近发展区"就能体现得了的。可以说，前者对后者应该算是全方位的碾压！所以，想要激发孩子学习动力的家长，抱着"师夷长技以自强"的态度，也要去搞清楚游戏激发兴趣的秘诀在哪里。为了彻底了解游戏特别是电子游戏在这方面到底有哪些优势和绝招，我决定让电子游戏和传统学习模式来一次面对面的PK。俗话说"没有比较，就没有伤害"，我们就来看看谁更有可能让孩子高效学习（当然，这个学习是广义的）。

传统学习模式与游戏擂台赛正式开始，我们将采取五局三胜制来决出胜负。

"有请双方队员登场！"

### 第1局，谁更有目标感

在读书的时候，老师、家长都会让我们根据每门课程的进度来设置自己的目标，并且让我们预习与复习。更加细心的老师、家长可能会让我们设置每周目标、每月目标以及每学期的目标。老师、家长做到这一步，已经是值得建个"夸夸群"、竖起大拇指，给100个赞了。但传统教育对学习目标与任务的建立，其实也就到此为止了。如果孩子是那种百里挑一的学霸，可能会去买一些关于怎样制订学习计划的图书或者在网上找一些相关的信息。但绝大多数学生在学习的过程中，属于无目标状态，至少是没有量化和细化的目标。他们对各科课程的进度并不了解，也几乎不可能对学习目标、现在的水平做出正确的评估，结果就是"我在努力，但不知道效果如何"。

对于小孩子来说，很多学习任务是很难的。我就记得在我读初中的时候，老师曾让我们一晚上背诵一篇长达15页的课文，好几千字！很多人背不出来并不是因为记忆力不好，完全就是被吓到了！著名心理学家、《刻意练习》的作者安德斯·艾利克森（Anders Ericsson）就提到，他曾让一个叫史蒂夫·法隆的参与者以1秒一个的速度，记住一串毫无规律的数字。比如，03263499745723745……

刚开始史蒂夫连8个数字都记不住，非常沮丧。而当安德斯帮助他把记忆目标分成了很多的小模块，分组记忆、各个击破后，他的记忆成绩开始突飞猛进。经过16次的练习，史蒂夫竟然可以在82秒的时间里面，记住82个无规律数字，简直是不可思议。更有意义的结论是，这种目标的设置法，可以推广到其他的普通人身上，而且几乎人人有效。

这其实很类似游戏对任务的设计。游戏会把你要做的事情分为很多小任务，让你感觉这些任务都是可以被完成的，不会被吓到。而游戏中的任务地图，则会让你实实在在地感觉到你在整个游戏当中所处的进度。曾经有一款很火的游戏叫作"愤怒的小鸟"，这个游戏就有很多的环节，每一个环节都有一个故事主题，比如说小鸟们的蛋被猪偷走了，小鸟们都冲过去报仇。而想要把蛋抢回来，需要通过几十个小关卡，当你通过其中某一个关卡的时候你会获得相应的评价，比如说1颗星或者3颗星。

玩过这个游戏的玩家都知道，其实后面的关卡是很难的。我自己有时候要失败五六次才能过一关。但是，在任务地图上，你可以清晰地知道自己接下来还要面对哪些关卡，并随时能够看到自己在整个游戏中所处的位置。而每个任务你都可以集中精力去攻克，这样的方式会一直让人觉得下一个成就触手可及。

另外，游戏会尽量避免让你在太长的时间里完成那种机械重复的目标。它一定会调动你的不同感觉，让你在完成新任务的时候，感觉是对前一种任务的放松。所以，它绝对不会把任务设置为通过寻找100件道具才能完成，而是会把奖励和任务分布在不同的行为当中，比如：

任务1：在游戏中找特定的人对话；
任务2：在一定时间内把人物升到20级；
任务3：与其他游戏者完成组队；
任务4：在商店里购买指定的虚拟商品。

完成所有任务以后，你会获得一个更大的奖品或者勋章。可以说，游戏有能力为所有微不足道的事情赋予任务感，让你愿意去完成那些"不是任务的任务"，并且开心地继续玩下去。

而在现实的学习过程中，字写错了，抄写100遍。寒假、暑假作业，需要学几大本练习册，整个假期就会在这种无奖励、较机械的作业任务中度过。相比玩游戏，你更愿意做哪件事情？

到这里，第1局PK结束！在本局中，游戏在创造目标感和任务新鲜感两方面都超出了传统学习方式，所以第1局，游戏胜。

**1:0**。

### 第2局，谁能给我们更多鼓励

这次我们先说游戏。游戏玩家都知道，游戏的特点就是，每一次你在游戏中做了哪怕很小的一点进步，付出了极小的努力，都会马上被奖赏，你的经验值会增加，金币会增加，装备也会更新！如果有更大的进步，你会被授予荣誉或者是提高自己的身份。可以说，游戏提供了一种成功在即的感觉，让我们觉得即使是那种"史诗般的胜利"，也是可以实现的，值得一试再试。最关键的是，你从来不会担心因为失败而被惩罚。即使你输了，顶多是跟你说："胜败乃兵家常事，大侠请重新来过吧！"在心理学里面这叫作"阳性强化法"，是一种消除儿童负面行为的有效策略。简单来说就是：对于正确的行为进行奖励，对于错误行为给予忽略而不是惩罚。这种方法可以最大限度地消除掉孩子们重新尝试的顾虑，因为他们不会担心犯错后的负面结果。而这一条心理学成果，也早早地被应用到了游戏中。

在家庭或学校里面，孩子多久会被鼓励一次？多久被肯定一次？可能每学期孩子被表扬和鼓励的次数用十根手指头都数得过来吧。没有激励也就罢了，最要命的是，孩子常常没有重来一次的机会，如果作业完成得不好、考试成绩差，可能无法重新来过，并且获得应有的肯定。而且孩子很可能因为听写不出来、作业错误太多、字写得不好、考试成绩下降等原因被施以不同程度的惩罚。有时候是口头批评，或者是侮辱，也可能是体罚或者变相体罚。**而更大一部分的惩罚来自于孩子们的自责与担忧**。早在2005年《中小学生学习与生活状况研究》中，被调查的2400名儿童、青少年，有76.2%的孩子会因为考试而心情不好，有9.1%的孩子会因为考试和学业压力感到绝望。**很多厌学的孩子常常不是讨厌学习本身，而是害怕学习不好所产生的压力与惩罚**。

这样比起来，游戏对孩子的态度反而积极得多，像是父母在教孩子走路，不论跌倒多少次都不会责备与放弃希望。

第2局，游戏以绝对优势获胜！

**2:0**。

## 第3局，谁能给我们更多清晰的反馈

我们做任何事情都是需要回应的。比如，你喜欢一个人，这个人自始至终就不搭理你，你的感觉会好吗？学习也一样，做了这一套练习，究竟会给自己的成绩带来多大的影响呢？这个行动是有意义的还是没有意义的？很需要反馈。人们很在意的一件事就是：自己付出了很多努力，却做了一些没有价值的事情。所以，能够获得足够频率和明确的反馈，就变得至关重要了。而学习常常是艰苦的过程，会出现一种"高原现象"。也就是你付出了很多的努力，在效果上却没有明显变化。比如，在英语学习中，虽然你的单词量从2000上升到了3000，但你阅读文章的时候，并没有感觉轻松多少。这时，你就需要一个好的老师来给你一个正确的反馈，鼓励你继续努力背单词，直到产生质变。**非常遗憾的是，学习瓶颈常有，而好老师不常有。**其实每一个学渣内心都藏着一颗希望当学霸的心。只是，每次当学渣们开始做出一些努力的时候，并不能马上反应在成绩上，这时也没有人来及时地告诉他们这些努力究竟起到了什么作用。于是很快，学渣们犹如参加了一场不知道终点在哪里的马拉松，最终因为迷茫与恐惧放弃了努力。有些孩子遇到了好老师或者懂教育心理学的家长可能就会幸运一些，会收到比别人更多的反馈。

而在游戏中，每个人都会非常及时地得到评分系统高频率的回馈，比如自己现在处于游戏的哪一个阶段，通过努力一共获得了多少经验，在游戏中的排名是多少，与前一名相差多少分数与努力。所有这些，游戏都会用完全量化的方式告诉我们。这种方式，让玩家感觉很公平，也让我们感觉到只要努力，超越其他人并不是遥不可及的。这才真的是"一分耕耘，一分收获"。

所以，第3局仍然是游戏获胜！

**3:0**。

## 第4局，谁会给我们意外的惊喜

人类生来有两种基本需求，第一种是对确定性的需求，几乎每个人都希望能提前了解自己将来要向哪个方向发展，成为什么样的人，比如会定居在某一个城市，找到一份稳定的工作，与一群确定的人成

## 第一章 关于学习动力，游戏可以告诉你一切

为朋友。可以说，对确定性的需求，可以在一定程度上确保我们的人生免于痛苦、获得快乐。而第二种基本需求听起来有些奇怪，它看起来和第一种需求是完全对立的——对不确定性的需求。

想象一下，如果你的人生真如你预期的一样，按部就班、循规蹈矩，你可以预测自己的一生中哪个阶段会发生什么事情，你知道自己将一辈子都在一家单位上班，永远不会离开家乡，收入水平一直保持稳定，你也不会涉足任何你专业以外的行业……那将会是一种什么样的情景。就像是看一部你早已认真看过的电视剧和一场知道结果的球赛，完全没有惊喜对不对？所以，我们的人生需要大量的不确定性，来刺激与奖励我们的大脑。因为当我们不能完全预测某事时，我们反而会为之兴奋。在人类的进化机制中，有一种和学习有关的神经递质，叫作多巴胺。英国布里斯托尔（Bristol）大学的科学家们用数学模型展现了大脑在面对无法预测事情时，多巴胺水平是急剧上升的，从而引发一种心跳加剧，类似坠入爱河的奇妙感觉。这种感觉常常会成为推动我们的真正动力。

游戏设计师恰好就是一群善于利用不确定性，把那些看起来枯燥的事情变得有趣的人。他们发现，当奖励的频率在25%左右（这个数据引自TED演讲"游戏改变世界"）的时候，人们持续下去的可能性最高。就像四个人围坐打牌，如果除去技术的因素，每个人都有25%的概率和牌，这种不确定性让这个简单而古老的游戏一直流传了下来。不仅如此，游戏设计师还发现，除了25%的奖励频率以外，还可以把

更有价值的奖励获得概率变得更低，比如说10%；然后再给最最宝贵的奖励或者装备设置一个极低的获得概率，如0.1%。用这样的概率来激发游戏者的行动力，提升他们在游戏中的自信心，可谓是一套完整的组合拳，让游戏者欲罢不能。如果把这种机制运用到测试以及学习中，也许能够彻底改变孩子的投入程度。

可是在我们的传统教育中，几乎是缺乏这样的不确定奖励机制的。我们个人、集体的奖励都是从日常生活的行为规范与学习表现中获得的，而这些表现并不具备太多的偶然性。个人加了几分，集体加了几分，具备着相当大的确定性。而且孩子也很少会被老师用一种出乎意料的理由表扬，即使有，这种频率也是非常低的。如果有优秀的老师能把课上得像电视连续剧的情节一样令人期待，那还真是一件令人兴奋的事情。相比于游戏带来的惊喜，学习中的偶然性还是低了点。所以，第4局，游戏胜。

**4:0**。

## 第5局，谁给我们更多合作的快乐

我曾经调查过，孩子们特别喜欢玩的一款游戏叫作《英雄联盟》，为此，我请教了找我进行心理治疗的一个"成瘾少年"，并与他一起到网吧体验了半天时间的《英雄联盟》。之后，我问这个孩子："你觉得《英雄联盟》到底什么地方最吸引你呢？"这个孩子说："这个游戏有很多值得玩的地方，但是要说出一条我最喜欢它的理由，那就是可以

## 第一章 关于学习动力，游戏可以告诉你一切

和朋友一起战斗！这种并肩战斗，一起分享胜利成果，相互支持的感觉是我在其他地方体验不到的。如果我有一万个理由可以不玩游戏，唯独这个理由我是拒绝不了的。"这个回答也让我非常感慨，因为和其他人共同完成某项任务与挑战是一件非常令人愉快的事情，也是我们人类本身的一种需求。

很多独生子女本来在家庭中就缺乏玩伴，在学校的时间又被大量的学习内容填充，玩耍活动不足。而游戏提供了一个平等、合作、分享、公开的平台，可以让孩子和伙伴们一起，相互激励，完成游戏中的各种任务和挑战。在游戏中，常常会有很多游戏者自发地组织集体行为，比如曾有一款游戏叫作《无尽的任务》，其中有一个任务就是要杀死一条"恶龙"。但是，单靠一个人的力量是无法完成的。于是，游戏者们自发组织了42名各种职业的游戏角色，分配任务，保持队形，花了半天的时间共同对付"恶龙"，在成功后完全按照之前几乎没有约束力的口头契约，分享了完成任务的战利品。从此之后，在其他的游戏中甚至出现过成千上万人共同约定完成一项任务的现象。

对于传统教育来说，因为其评价体系的单一化，学习成绩几乎是唯一的参考标准。每个人都是一个单独的竞争单元，越是重点学校，竞争也越激烈，所有孩子都处在一个微妙的竞争关系中。所以那些学习成绩处于劣势的孩子，会感到孤立无援。即使他们有很多别的优点，在这种体系下也鲜有人欣赏。

因此，游戏与传统学习方式对比，优劣自现。游戏得到了最后一

局的胜利。

**5:0**！结果出来了，游戏 PK 传统学习方式，完胜！

这样看来，孩子们更喜爱游戏到底是因为游戏本身就是"恶魔"，还是因为传统教育与学习方式没有与时俱进呢？

面对这个问题，作为教育领先者的美国早就意识到了"游戏本身就是一种较好的学习方式"。2011 年，美国总统奥巴马曾在一次演讲中提到，"以教育软件为例，最能吸引眼球的就是电子游戏。美国政府的教育机构也在对如何将电子游戏与教育结合进行探索……近年来，美国多家大学开展了用游戏设计促进教育多样化的研究课题"。值得高兴的是，中国近些年有很多创新学校和互联网教育公司，也在大量运用"游戏机制"提升孩子学习的趣味性和效率，有效地解决了孩子学习动力不足、兴趣衰减的问题。

作为家长，我们不但不应该"谈游戏色变"，反而应该向如此强大的"游戏心理机制"学习，把它用在激发孩子的学习动力上，效果可能会立竿见影。

## 💡 如何用游戏机制激发孩子的学习兴趣

游戏对个人行为的驱动方式很多，而不同的游戏有不同的策略组合。在这里，我们总结出 6 种最典型也最容易应用到学习当中的激励模式，它们分别是：

**制造饥饿感**：营造一种稀缺感，引起人类本能中对稀有事物的追求动力；

**目标设置**：通过设计、分解目标的方式，让孩子对完成目标产生信心并获得成就感；

**思维培养**：通过改变思维方式，让孩子相信自己的天赋和能力是可以持续提升的；

**奖励方式**：科学的奖励方式能够提高学习动力，而错误的奖励方式会降低动力；

**团体动力**：人在团体中会产生特殊的"动力"，它可以为每一个人赋能，推动他们向共同的目标进发；

**学习风格**：因材施教，按照孩子的学习、认知风格，激发他的学习潜能。

每一种激励模式单独拿出来，都能够发挥作用。令孩子在某一个领域或学科的学习动力产生显著的改变。如果父母能够熟练地掌握以上6种激励机制，并且结合家庭实际情况运用，很有可能，你将会培养出一名独立自主且对学习动力满满的孩子。

### 制造饥饿感

在商业世界里，商家常常通过控制产品的供应量、"秒杀"或者排长队购买来提高消费者的重视程度，促使他们产生"物以稀为贵"的心理。我们把这种现象叫作"饥饿营销"。同样道理，孩子本来有一个玩具不怎么玩，只要另一个小朋友想玩，就珍惜得不得了，生怕被抢走。在学习场景中也是如此，"制造饥饿感"是非常符合人性的一种激励手法。我将在第二章的内容中分享如何营造饥饿感和稀缺感，从而让孩子爱上学习。

## 目标设置

就拿学生学英语来说，背单词其实是一个老大难的问题。很多家长会告诉孩子，把一个单词抄20遍，然后不断地对照它的中文释义默读，这样就会熟悉起来。没记住，意味着复习得还不够。但真正实践起来，家长会发现无论孩子抄写了多少遍，到了第二天还是有可能记不住。原因就在于，这个反复抄写的过程太无趣了，也不符合记忆规律。当我们做一件无趣的事情时，大脑其实在不断地排斥这种行为，也并不想记住它，导致更低的学习效率。这与刻意练习并不矛盾，在激发兴趣的基础上再进行刻意练习才会事半功倍，而不是死记硬背。

> 哪里没有兴趣，哪里就没有记忆。
>
> ——歌德

但如果我们在孩子背单词的时候把枯燥的学习任务拆分成能够保证他专注学习的小任务，再运用一些随机性的奖励，来激励孩子持续的学习行为，就会有完全不一样的效果。我在 APP Store 里面就找到了如游戏《愤怒的小鸟》一样有过关性质的背单词游戏。每一小关只有 20 个单词，背出 18 个单词以上就会通过本关，而 100% 的正确率将会获得 3 颗星的荣誉。每一种目标的词汇量，比如说中学英语、四级、六级、托福、雅思、GRE 单词，被分在了不同的故事情节中，只有通过了前面的情节，并且获得了足够的星星荣誉，才能进行更难的背单词游戏。如果用传统抄写的方式来背单词，很多人连 30 个都无法坚持下去。但是，我曾经用这种方法在四年级小学生身上做实验，他们每天为了过关，可以完成 500 个单词的学习，并且不会感觉到疲惫。而我自己使用这样的 APP 软件，3 天完成了 4000 个单词的复习。这样的对比产生的差距是巨大的！

这样的 APP 也只是把背单词的目标进行了分解，并且分阶段给予反馈和鼓励，就能产生如此大的差别，而这个技巧对于"目标设置"这一激励模式来说，还仅仅只是冰山一角。

### 思维培养

我们始终在思考一个问题，那就是为什么孩子容易在学习遇到困难的时候灰心、放弃，而在玩游戏的时候，无论失败了多少次，仍然想要再挑战一次呢？一定是游戏给了孩子在学习过程中没有获得的一种感觉——我把它叫作"控制感"。一旦获得这种感觉，人将会百折不挠。

有一项早期的研究是这样设计的：实验中老鼠会遭受电击，如果这时老鼠有一个能转动的轮子，而轮子一转起来就可以停止电击，那么老鼠会高兴地转着轮子，也没什么压力。而一旦轮子被拿走，老鼠就会承受巨大的压力，导致它们无法行动。如果随后把轮子重新放回笼子里，哪怕这回轮子实际没有连接到电击设备上，老鼠的压力水平也会低得多。对于孩子来说，压力正是破坏他们继续挑战、尝试的罪魁祸首。在第三章我们将讨论如何培养成长型思维，让孩子获得控制感，并且相信自己的能力和天赋是掌握在自己手上的。

### 奖励方式

我们将会在第四章谈一谈奖励的设置方法对学习行为的激励效果。很多人也许已经意识到了，那些最让人上瘾的事情，几乎都和奖励设置的方式有关，特别是奖励频率。那些最成瘾的活动，很多都和随机性奖励有关。比如抽奖卡、开宝箱游戏，老虎机，六合彩、福利彩票等。

可以说，随机性是人类多巴胺分泌的终极大杀器。有随机性奖励的活动，对人的吸引力超过了我们通常可以理解的范围。我们会在后面的内容详细地分析，并且讨论怎样把这样的机制运用到学习中。

### 团体动力

父母对于缺乏动力的孩子，可能经常会用以下这些招数：

"你还不吃饭吗？×××回来抢咯"或者"你看×××作业都写完去玩了""我们来比赛，谁穿衣服是第一名"……

通常孩子会乖乖就范，完成当下的任务，越小的孩子受暗示越强。我们暂且不评论这些话术是否科学合理，只是想强调参照"他人"的重要性，就像坐标系需要参考系一样。对于学习行为来说，独自一人和几个孩子组成小组，或者与整个班级共同学习是完全不一样的。如果我们能够学会使用团体动力学，把学习过程变成如游戏开黑、组队一样精彩，那大量的激励工作，将无须再由他人来完成，团体的驱动力将助推孩子更好地投入学习。

## 学习风格

世界上没有两片完全相同的树叶，对于孩子来说，每个人动力被激发的敏感区域以及表现方式也是不一样的。因此，激励动作，还需要深入到每个孩子独有的个性特征上。在第六章，我们将会着重讲述如何针对孩子的特点来因材施教，用高效的方式激励他们。

Boost your kid's
desire to learn
truths about
children's
motivation in learning

第二章

营造饥饿感：
让孩子感兴趣的第一步

在我对那些厌学孩子十多年的观察过程中，我发现他们的家庭有一个共同的特点：那就是家长不停地灌，孩子不停地逃；家长不停地守，孩子拼命地躲。到最后，还是以恐吓、暴力收场。家长得出的结论是："这个孩子就是不爱学习！"难道真的是这些孩子天生就和学习无缘吗？

我在进入很多问题家庭做观察的时候，发现了其背后的一个秘密：那就是这些孩子都缺乏"饥饿感"，也就是对学习没什么需求。在互联网时代，孩子想要什么，不光可以得到，而且可以马上得到！高速的物流体系，让我们的网上购物甚至可以实现当日收货。包括孩子想要的玩具、绘本、学习资料，或者是线上的学习班，只要手机轻轻一按，网银一键支付，东西全都到手了。这在带来巨大便捷的同时，也带来了一个巨大的问题——孩子的需要太容易被满足了。而我们都知道，轻易得到的往往不会珍惜！那些好不容易拥有一个心爱玩具的小朋友，会把它视若珍宝，好好收藏和爱惜；而拥有一屋子玩具的孩子，哪怕扔掉几个、弄坏几个也不会心疼。不珍惜带来的结果就是——没兴趣。而这种没兴趣完全就是人为造成的！

"兴趣"这个词的英文是 Interesting，这个词的词根在拉丁语中，就是新奇、变化的意思。所以，培养兴趣，一个可能的视角是不断地给孩子制造新奇和变化；另外一个视角就是孩子对新奇产生期待，让它在头脑中发酵，从而产生更多美好的想象。这些都需要在孩子刚产生兴趣的时候，保持一个较长的酝酿时间和更强的稀缺感。

## 一个关于饥饿感的实验

1975 年，社会心理学家史蒂芬·沃切尔（Stephen Worchel）和他的同事一起做了一个实验，一共三轮。实验很简单：让不同的参与者对同一款小甜饼进行品尝和评价。在第一轮的两组参与者中，第一组参与者面前的罐子里有 10 块小甜饼，而第二组参与者面前的罐子里只有 2 块。结果罐子里只有 2 块小甜饼的参与者们给出的评价，明显高于罐子里有 10 块小甜饼的参与者。心理学家发现，提供更少的小甜饼让人觉得更珍贵，更容易勾起用户的欲望。

第二轮还是同样的两组参与者。第一组参与者面前的罐子里有 10

块小甜饼，第二组参与者面前的罐子里有 2 块。但这一次在准备品尝时，两组参与者却被叫停，要求从对方罐子里拿出 1 块交换进行品尝。于是，原本罐子里有 10 块小甜饼的参与者吃到了"供应紧张"的小甜饼，而原本罐子里只有 2 块小甜饼的参与者吃到了那些"供应充足"的小甜饼。结果，第一组参与者（分享 2 块饼干的人）给出的评价远远高于第二组。同时比第一轮实验中第二组给出的评价还要高！这也意味着，稀缺的物品，如果并非安排给自己，而是意外地从别人那里得到，会变得更有吸引力。

接着是实验的第三轮：第一组罐子里拥有 10 块小甜饼的人要将他们手中的小甜饼换成罐子里只有 2 块的。然后分别被告知不同的两种原因。

原因一：分发的时候分错了。

原因二：因为小甜饼被参与者吃得太多不够分了。

结果，得到第二种原因的人，对饼干的评价高于得到第一种原因的人。这也就意味着，当一个人发现有人要跟他争夺的时候，小甜饼的吸引力变得更高了。

这个实验，完美地解释了"物以稀为贵"的全过程。简单地说就是：**因为稀缺而珍惜，因为意外而更珍惜，因为有人争夺而变得格外珍惜。**

第二章 营造饥饿感：让孩子感兴趣的第一步

## 💡 心理学家是如何用饥饿感激发孩子兴趣的

我的工作搭档朱丹女士是一名教育心理学家，作为妈妈，她也想要孩子拥有自己的兴趣爱好。朱丹（后面统称乐妈）在女儿乐乐 4 岁的时候，发现她对古典音乐特别是钢琴表现出了一些兴趣。有时候看着电视里面的钢琴家弹琴，乐乐会表现出羡慕和崇拜的表情；到朋友家看到别人弹钢琴也能安静地听好久。换成其他家长，看到孩子这样肯定心里按捺不住喜悦，赶快着手买琴、买教材、访名师、报培训班。但是乐妈这些都没有做，也从来不会说"乐乐，去学钢琴，这对你有好处"，甚至连"你想学钢琴吗"这样的话都没有问。因为她知道，父母越是频繁地提这样的话题，钢琴在孩子心中的新奇感就越弱。

那乐妈是怎么做的呢？

乐妈经常邀请乐爸一起去听音乐会，每次去听音乐会之前，都会盛装打扮。乐乐觉得妈妈超级美丽，又好奇妈妈去干什么，于是央求妈妈带她一起去。妈妈想了很久，勉强同意了，她给乐乐选了适合孩子听的入门级音乐会，像圣桑的"动物狂欢节"、肖邦的夜曲专场等。当乐乐第一次感受到音乐的魅力时开心极了，经常会提起听音乐会的场景，还有了自己崇拜的古典音乐明星。

接下来，乐妈偶尔带乐乐去琴行逛逛，有时候，会鼓励乐乐自己敲一下琴键，乐乐好奇地敲敲，美妙的琴声叮叮咚咚地传出来，她兴奋极了。

这样过了一段时间以后,乐乐看到有小朋友去了琴行学琴,就央求妈妈也让她去学琴。乐妈想了想拒绝了,并告诉乐乐:"学琴有点辛苦,妈妈怕你没办法坚持。"乐乐拍着胸脯说:"我一定可以坚持。"于是妈妈很"勉强地"同意了。

得到了妈妈的同意,乐乐心里小声地说"耶!"——乐开了花。

后来,乐乐真的成了一名钢琴学习者。但是,刚刚开始学,乐妈又做了一件非常奇怪的事情。她要求乐乐每天回家后,只能弹10分钟钢琴。乐妈定好闹钟,陪着乐乐,一边听着钢琴声,一边特别陶醉地感叹:"到底是钢琴啊,我们乐乐能演奏出多美妙的声音啊!"但10分钟过后,哪怕乐乐还想弹,乐妈都要求停止,并且开心地说:"宝贝,明天继续吧。"哪怕乐乐央求妈妈:"再让我弹一会儿吧!"妈妈都会拒绝,温柔地把乐乐抱下琴凳,然后小心地合上琴盖,对钢琴说:"我们明天再陪你玩啊。"而到了第二天,乐乐一从幼儿园回来,就会早早地坐在钢琴凳上,等着新一轮的练习。而新的练习又是那么短暂和美好,直到学习的内容难度增加,乐妈才允许乐乐把练琴的时间增加到20分钟。就这样,一天又一天的期待,乐乐终于彻底爱上了弹钢琴,成了钢琴老师那里最努力的学生,而这种努力没有功利性的目的,没有任何强迫,完全是发自爱好,乐此不疲。

说到这里,乐妈的处理方法可以被总结为一句话:

**在孩子兴趣还没有被点燃的时候,制造新奇感。这个时候,新奇**

## 第二章 营造饥饿感：让孩子感兴趣的第一步

**等于神秘，而神秘会产生兴趣！而当兴趣产生的渴望，被按照一定的节奏满足，会引发出更大的渴望！**

乐妈不断地让学钢琴这件事情出现在孩子身边，却始终不让乐乐得到满足，乐妈是在等乐乐自己提出想学。孩子提出想学了，就表示她接收到了这个引导。这也是商业上常用的"饥饿营销"，用在学习兴趣激发上也是效果极佳的。

苹果公司的产品在首发时，通常是处于缺货状态，需要抢购。大批的苹果粉丝会排十几个小时的队，等在专卖店门口，就为了获得新品时的那种兴奋感。难道苹果公司的生产能力真的不足吗？当然不是，这就是"饥饿感"带来的动力和渴望！

乐妈让乐乐学钢琴时始终保持饥饿感，同时不断制造环境让乐乐更"饿"。比如，乐妈温暖的陪伴和陶醉感、10分钟小闹钟的提醒、对钢琴的道别……乐乐很"饿"，每天得不到满足，所以，她对钢琴的兴趣始终充满了新奇感。

乐妈不但用这个方法，把乐乐学琴的乐趣激发了出来，她还对乐乐的学业发展做了同样的事。乐乐上幼儿园之前，乐妈从来不会告诉她，上幼儿园就要一个人上学了、就要离开妈妈了、就要遵守纪律了。她时不时带乐乐去幼儿园看一下，乐乐看着小朋友在那里面玩，羡慕极了，但乐妈认真地说："乐乐，你现在不能进去，只有3岁以上的小朋友才可以进去。"乐乐于是盼啊、盼啊，终于到了3岁，能进入幼儿园了，那种快乐可想而知。当乐乐高高兴兴到了自己班上的时候，看着同学们哭天喊地，她非常不理解，这么好玩的地方，为什么要哭呢？

后来，乐乐上小学，乐妈也这样做。在上学之前，她就带乐乐去逛文具店，陪着孩子看漂亮的小书桌、舒适的学习灯、小闹钟。孩子看到这些可爱的东西，肯定是想要拥有的，吵着要妈妈买。但是，妈妈又拒绝了，并且告诉乐乐："只有小学生才能有这样漂亮的东西。也只有到了那个时候，才有自己的读书角落，只有小学生才可以写作业……"

乐乐听了以后，一下子对上小学充满了无限的期待，天天盼着上小学的那一天赶快到来。

其他方面，乐妈也采用了类似的做法。比如书写，乐妈从小到大都不许乐乐写太多字，总是说小朋友太早写字对手部的发育不好。乐妈自己却经常写出非常漂亮的字，还和乐爸一起练字。乐乐又渴望写字又不能写，只能偷偷地写，这份稀缺感直到乐乐上了小学才充分地得到释放。一旦能开始写字了，乐妈又规定，只能写作业中的字。这样，乐乐总是"饿"着。字也越来越好。

可以说，乐妈是制造神秘感与新奇感的高手，不断把乐乐的兴趣点吸引到她想引导的事情中来。乐妈的秘诀在哪里？

一句话：**兴趣来自于新奇，而新奇来源于稀少！**

**当一种需要被充分满足的时候，需求值就下降了，兴趣也会降低。**比如饥饿的时候，是我们胃口最好的时候，如果一次性吃得过多过饱了，就难以对这种食物产生饥饿感了。

美国著名心理学家安吉拉·达克沃斯（Angela Lee Duckworth）也用一句话总结了兴趣的秘密："**兴趣开始之初，游戏先于努力。让孩子在生发兴趣的时候，用轻松、快乐、新奇的状态进入学习是比强迫孩子努力练习、不断纠正孩子的错误更重要、更优化的方法。**"

其实，这样的方式在现代电子游戏的设计当中早就是公开的秘密了。大家可以很轻易地发现这样的设计思路：游戏中的角色，需要通过努力，提高能力，逐步升级，才能看到游戏后面的情节是什么样子的。也就是，游戏的推进是要一点点进行的。这个过程中，我们控制的角色，可能会在某一个 BOSS 那里死很多次，这其实就是在防止角色进展过快，失去稀缺感。

有一款妇孺皆知的游戏叫作《超级玛丽》，它的任务就是去救被恶龙抓住的公主，主人公马里奥要经过 8 大关卡，其中有无数的悬崖、天空、海底、迷宫的阻碍，因为难度较大，一般玩家都只能每次把情节一次推进一点，需要大量的练习才能通关。这就是其魅力所在。另外，游戏当中还会设置很多稀有物品，需要玩家付出很多的时间和巨大的努力才能获得。当获得之后，玩家会感受到一种无与伦比的快乐。但是，如果我们使用作弊软件，把任务的能力值调得过于强大，或者有花不完的钱。我敢保证，这款游戏的吸引力会迅速下降，最终被玩家抛弃。

## 💡 孩子不爱学习，我们错在哪里

每个孩子生来都很喜欢学习，在他们还是婴儿的时候，他们就喜欢用眼睛、嘴巴和手探索周围的世界，这里摸摸，那里舔舔，四处打量。再长大一些，他们喜欢研究锅碗瓢盆、爸爸的手表、妈妈的口红，喜欢帮奶奶洗菜，帮爷爷倒垃圾，还特别喜欢自己扣扣子，不要人帮忙。继续长大，小朋友会喜欢读图画书、喜欢看文字，听到英文单词、英文歌曲也会跟着哼唱，很有新奇感。这些都是对学习最原始也是最值得保护的兴趣。

那为什么有一部分孩子后来不爱学习了呢？很大一部分原因是，家长、老师急于向孩子展现学习内容的全貌或者过早地让孩子进入高强度的训练阶段，导致小朋友之前和学习培养起来的宛如自由恋爱般的"爱慕之情"，瞬间变成了"父母之命，媒妁之言"，饥饿也变成饱足，饱足再变成作呕。学习兴趣的萌芽，也成功地被父母毁掉了！

其实，让孩子努力练习并没有错，错的是我们执行的顺序，也就是说，让努力先于游戏，而非游戏先于努力！**特别是对于学龄前以及幼小衔接阶段的孩子**，很多家长不会想到，钢琴、笔，对于孩子而言，是一个不错的玩具，游戏先于努力，就会让兴趣在孩子头脑中得以酝酿。酝酿得越久，孩子就越可能更感兴趣。就像刘备在见到诸葛亮之前，头脑中一直在想象自己未来的军师是什么样子的，他的谈吐如何，才华如何，应该怎样跟他对话他才愿意辅助自己，然后，又经过三顾茅庐的艰辛过程，刘备对诸葛亮的兴趣达到了顶点，也让他下定决心要请诸葛亮出山。

所以，激发孩子的学习兴趣是让每一个孩子爱上学习的第一步，我们不要跳过这个阶段。否则，就只能像《揠苗助长》故事里面那个自以为聪明的农夫，最终徒劳无功。

## 营造饥饿感的五步法

对于大多数父母来说，光知道理念是不够的。在激发孩子学习兴趣之前，我们还需要搞清楚激发儿童渴望（也就是饥饿感）的操作步骤。具体来说，可以分为五步：

1. 找到兴趣点；
2. 掌握满足兴趣的节奏；
3. 制造"障碍"和小小的挑战；
4. 高频反馈而非评价；
5. 变换学习方式，度过瓶颈期。

### 找到兴趣点

对于营造学习的"饥饿感"，我们需要从两个方面来思考。尤其是在学龄前，这个时间其实是建立兴趣爱好的黄金阶段，孩子没有学业压力，想学什么都可以。所以，我们把这个时间段叫作"自由探索期"。在这个时间段我们找到孩子兴趣的办法有两种，第一种当然是什么都去尝试、去感受。天南海北地旅行、科技馆、音乐会、绘本馆、艺术表演等活动，都可以参加。但这种方式，不太适合父母工作比较忙、没有太多空余时间陪伴孩子的家庭。更有效率的方式，则是通过多元智能理论来发掘孩子的兴趣点。

在著名教育心理学家、哈佛大学加德纳（Howard·E·Gardner）教授提出的"多元智能模型"中，一个孩子的基本智力类型可以分为7种（后来增加为8种）：**语言智能、数学逻辑智能、空间思维智能、音乐智能、肢体运动智能、人际交往智能、自省智能**。拥有不同智能优势的孩子会有不同的行为表现。

**语言智能优势**：孩子对语言的掌控能力比较强，会自己创造一些词语，也喜欢背诵诗歌、阅读和写字。这类孩子的思维工具是文字，所以很多思考过程都会表达出来。他们天然会喜爱阅读、演讲、表演之类的学习，而且也会很有自信。

**数学逻辑智能优势**：孩子喜欢家长出数学题考他，对计算类游戏很痴迷，比如喜欢和别人比赛玩"加减乘除24"的游戏，喜欢棋牌游戏。他们的思维工具是逻辑和数字，他们会偏爱用筹码道具、计算器来辅助思考。少儿编程、乐高机器人、棋类等项目是非常适合他们的。因为他们天生具有逻辑思维能力上的优势，自然能轻易地在高难度逻辑推理项目中胜出。

**空间思维智能优势**：孩子特别喜欢玩拼图、设计、随手涂鸦，会反复看绘本里的插图，迷恋迷宫类的游戏。空间坐标、身体感觉就是他们的思维工具。这些孩子擅长运用意向和图像来思考，对示意图、地图、图画都很喜爱。素描、剪纸、结构积木、魔方和一些徒步的体育游戏，都会受这类孩子的喜欢。在艺术方面，他们也具备天赋，家长可以多带他们去美术馆或去很多城市看漂亮的建筑，这些画面感比较强的活动很适合这类孩子。

**音乐智能优势**：孩子平常会不自觉地哼唱歌曲，一首新歌只要听过几遍就会了，唱的调子也很准。这样的小朋友喜欢透过节奏和旋律来思考，有时候即便是在走路，也有非常明显的节奏感。还有少部分的孩子具备一种特殊的能力叫"绝对音感"，就是无论在钢琴上弹哪个音甚至任何一个和弦，她闭上眼睛就能准确地说出听到的音高。这种能力经常被作为判断一个孩子是否有音乐天赋的标准（后来这种能力被证明可以通过大量练习获得，只是有天赋的孩子获得该项技能更快）。要是你发现孩子有这种能力，千万不要错过，着手激发他的音乐兴趣。相信他的进步速度，会大大超过普通孩子。

**肢体运动智能优势**：孩子平常根本坐不住，总是喜欢户外活动，各类体育项目都想要参加。就算待在家里，也会把客厅、沙发当作运动场，说话的时候不停地手舞足蹈。到游乐场玩，什么过山车、海盗船坐得很开心，一点都不怕。这样的小朋友习惯通过身体运动来思考，也能从运动中获得快乐，哪怕是那种在别人看来简单枯燥的运动，他们都会觉得很有意思。而且，他们在运动过程中，会比其他的孩子表现出更强大的毅力和吃苦精神。这些孩子，游泳、羽毛球、跆拳道、足球、体适能等项目都会适合他们。

**人际交往智能优势**：孩子特别喜欢和其他小朋友一起玩，不喜欢独处。只要遇到问题，他们首先的反应是请别人帮忙；如果看到别的小朋友有困难，他们也会主动地上前帮忙。只要在人群中，他们就会觉得自在开心，像是俗话说的"人来疯"。这类小朋友更擅长透过关系进行思考，拿捏社交中的分寸。他们很容易成为社交中的自然领袖，所以各种团体项目都是适合的。

**自省智能优势**：和拥有人际交往智能优势的儿童正好相反，这类孩子非常喜欢独处，不容易冲动，不喜欢喧闹的场所。但他非常善于总结，做事谨慎，并且愿意通过各种途径了解自己的优缺点。这类小朋友通过深入自我的方式来思考问题，阅读、书法、绘画、围棋这些需要安静思考空间的项目，他们会天然地喜爱。

对于不同的孩子来说，他的智能优势可能不止一个，有的孩子就是多种智力优势集于一身。所以，在这些参考的项目当中，他可能会比其他人感兴趣得更多。当然，任何一个心智正常的孩子，都可以通过科学的训练让本来不具备优势的方面，变得非常优秀。所以，多元智能对兴趣的指导意义在于可供父母参考，而非给孩子贴标签。

## 掌握满足兴趣的节奏

讲到这里，我们即将进入关键部分：感兴趣只是喜爱的开始，如何让兴趣加深和保持才是关键。这个时候，掌握满足孩子兴趣的节奏就显得至关重要了！

**所见即所得，是最不应该提倡的满足节奏**，这有可能直接扼杀孩子的兴趣火苗。更好的节奏是把满足分为三个阶段：渲染阶段、节制阶段和选择阶段。

**渲染阶段：** 这个时期最好不要让孩子接触到目标学习内容，但要不断地展示这一项学习的乐趣和高水平练习者的成果，并且表现出非常羡慕的样子。不过，这里要注意，我们的"表演"不要过头，最好只是表情和言语上的偶尔暗示。如果使用过多的溢美之词，容易让孩子觉得，这个事情就是爸妈感兴趣，和自己没有什么关系。我们可以像前文中朱丹老师那样，在孩子面前穿着精致地参加某次音乐会，也可以在孩子了解围棋之前，给他讲一些关于围棋的传奇故事，甚至一起读日本漫画《棋魂》。当孩子表现出想要学习某个项目的时候，刚开始可以委婉地拒绝，或者表现得非常勉强，这样才可以激发孩子内心进一步探究的渴望。

**节制阶段：** 当我们已经同意让孩子学习某个项目的时候，在初始阶段，一定要减少孩子对这件事情的参与时间。无论是带孩子学算数、下围棋、骑单车，还是画画，必须把时间控制在一个孩子"吃不饱"

的范围。这个时间要根据孩子的专注程度来判断，如果他们正全神贯注地做事情，无论多长我们都不要打扰，而一旦出现分神、心不在焉的疲惫信号，我们就可以叫停。直到孩子强烈要求延长时间，我们可以以5分钟为单位，逐渐地放开。这里的操作有两个注意点：第一，不要让孩子"饥饿过度"，也就是给的时间太少，比如一天5分钟。孩子都还没感觉开始，项目就要结束了。这很难让孩子从这件事情中体会到快乐，从而兴趣值也会大打折扣。第二，不要太快延长时间。这就像是孩子喜欢吃某一个菜，天天吃都不会腻，也要求我们多炒一点。但是一旦我们炒多了，他不但不会吃光，而且会剩很多，甚至下次都不吃这个菜了。所以，作为一名优秀的"教育演员"，延长时间一定是"勉强的""略带痛苦的"。

**选择阶段：** 这个时期，孩子对某个学习项目的兴趣基本稳定，也需要更多时间来练习和巩固。这个时候，我们将不会再限制孩子从事该项目的时间。但是必须让孩子在不同项目之间做出选择。比如晚上只有2个小时的可安排时间，孩子可以选择的学习项目有画画和弹钢琴，如果选择了90分钟的画画，弹钢琴就只能有30分钟了。这个时间选择，最好由孩子自己来完成，家长不要插手，只控制总时间就可以了。孩子因为学习某个项目，而放弃另外一个项目，这会让他更加产生"付出感"，从而对付出时间多的学习内容更为看重。

不过不要让孩子在学习和玩耍之间做出选择。比如只有两个小时的时间，是选择下围棋还是看动画片？这就很容易让孩子毫不费力地选择看动画片，对学习兴趣激发也没有任何好处。

## 制造"障碍"和小小的挑战

喜欢外出旅行的人都知道，最值得回味的肯定不是那种旅行团安排妥当、旅途过程乏善可陈的行程，最有意思的一定是充满了不确定性、挑战与惊喜并存的旅行。而一旦有过这样的经历，大脑一定会告诉你："还想再去一次。"这就是"障碍"的意义。

学习也是一样，充满挑战的学习，不但不会降低孩子的学习动机，反而还会让孩子更加珍惜学习的机会。回想了一下，在我的学习生涯中，凡是那种需要不辞辛劳地去外地甚至需要出国学习的内容，我掌握得都比那些近在眼前的学习培训要熟练，印象也更加深刻。在高中阶段，我对物理很感兴趣。一次偶然的机会，我能够去物理奥赛班旁听课程。那个时候，别人都在放暑假，我每天却顶着大太阳，坐车1个多小时去集训班，在没有空调的房间里学习一整天，再自己坐公交车回家。虽然辛苦，但这样的学习经历，更加激发了我对物理的爱好，虽然没有获得物理奥赛的大奖，但平时的物理成绩基本上保持在班上领先的水平。可以说，困难有助于让人在学习时更加集中精力，保持热情。

所以，我们可以在孩子进入到正式学习进程的时候，有意地增加一些不大不小的阻碍，让孩子付出更多的努力，激发他们的求知欲望。比如有两个教钢琴的老师，水平相当，但是一个住得远、一个住得近，或者一个家里要爬楼、一个家里住一楼。按照普通的思路，我们可能会更愿意选择住得近的那位老师，感觉更节约时间。但是，从制造"障碍"的角度，我们反而可以选择住得更加远或者家里需要爬楼的那位老师。

另外一种有效的"障碍"，是营造自我竞争的氛围，不断鞭策自己进步。比如学围棋的时候，我们可以告诉孩子，教你的这位老师是我们这个区最优秀的围棋教练，想要成为他的正式弟子是需要争取的。你要经过他的考验才可以留下来。接下来三个月，我们要努力实现这个愿望！当已经开始学习围棋的孩子，发现他现在的这个机会有可能被夺走的时候，他会更快地进入专注状态，不断提升自己的棋艺，从而确保自己能够争取到这个来之不易的机会。当然，使用这种方法要确认孩子对围棋的喜爱是自发的。如果孩子不爱学，这样做反而会成为他放弃的理由。

制造"障碍"和挑战的时候，同样也要遵循适度原则。太过艰难的障碍和挑战，可能会让孩子彻底失去信心，选择放弃。如果钢琴老师的家，要坐3个小时的公交车才能到，或者围棋老师只会留下1/10的学生，太过于严酷的条件，都不利于提高孩子的兴趣。所以，障碍同样遵循"最近发展区原则"——有困难，但努力一下就能战胜。

### 高频反馈而非评价

把以上几点做好，孩子的学习兴趣也基本能够建立起来了。接下来，还有一件非常重要的事情需要家长持续地进行，那就是高频的反

## 第二章 营造饥饿感:让孩子感兴趣的第一步

馈而非评价。电子游戏之所以能够吸引玩家,原因之一就在于它有着非常完备的反馈系统——每消灭一个敌人获得多少经验值,每完成一项任务获得多少金币或钻石,玩家处于团队的排名、等级都清晰可见。而对于学习来说,容易让孩子感到迷茫和倦怠的也正是在学习和练习的过程中得不到反馈,从而不知道自己到底进步了没有,进步了多少。所以,作为"学习陪伴者"的家长就应该更加注意对孩子学习过程的反馈。

不过,这里要特别强调一下什么是"反馈"。它是对孩子学习过程和结果的尽可能客观的描述,而不是评价。同样以弹钢琴为例,如果孩子今天练习了三遍新的曲子,你对他说:"我觉得你今天弹的这首曲子,还没有昨天弹得那么好,有点退步了!"这是反馈吗?很遗憾,这不是反馈,而是评价。评价大多时候,不会让孩子产生动力,也不会让他们变得更好。"弹得没那么好""退步了"都是很笼统的评论,你需要更加具体和客观的描述。比如:"我发现你在弹前两遍的时候,每次都有3个以上的错音,而且弹得速度偏快,有种抢节奏的感觉,你可以放慢一些,看看会不会更容易弹准确。"这里的描述就更加具体了,虽然也有个人感受的成分,但是清晰地反映了孩子的演奏速度需要放慢,并且要提高准确性。

我们还可以把反馈应用到写作业这件事情上。如果平常数学作业都做得很认真,并且正确率很高的孩子,最近两天的作业做错了很多,而且字迹也比以前潦草了,我们会怎么反馈呢?如果我们对孩子说:

"你这两天写作业好像不认真啊！错了那么多，字也像鬼画符一样，你到底在想什么？"这就属于居高临下的评价；如果我们说："我观察了一下，你这两天在作业做完以后，都没有像以前那样检查一遍。而且，字我也看不清楚了。我感觉你有些着急，能告诉我为什么吗？"这就属于对孩子行为的反馈，以及表达自己的感受。当孩子的行为被描述出来以后，他们更加倾向于关注行为本身并做出改善，而当他们的行为结果被评价以后（特别是负面评价），他们需要分出更多的精力去消化这些负面评价，自然就会用较少的精力去改进行为了。

对于反馈，我们可以用一个简单的公式来表述：

**反馈 = 客观行为描述 + 个人感觉表述 + 探寻原因和更好的办法**

比如面对一周迟到 2 次的孩子，父母的反馈可以是："我发现你这周星期二和星期四都迟到了，我感觉你出门的时间不算晚，应该能够按时到校的。能告诉我有什么原因吗？"

### 变换学习方式，度过瓶颈期

每一种学习，孩子在充满兴趣的刚开始都会进步得很快。而过一段时间，就一定会出现"高原现象"，我们也可以叫它"瓶颈期"。这个时期进步变慢，而且逐渐产生了倦怠感。前面说过的乐乐的学琴生涯同样遇到了这样的情况。乐乐在学了两年钢琴以后，和其他的孩子一样，慢慢地，对这个玩具没办法产生更多的新奇感了，练琴也没有那么主动了。这个时候，乐妈又做了一些事情。

## 第二章 营造饥饿感：让孩子感兴趣的第一步

乐妈开始帮助乐乐参加一些音乐表演会，并且帮乐乐报名比赛，用比赛来激励孩子练习；另外，乐妈还和老师沟通，加大了流行钢琴作业的布置。这样，乐乐就可以每天弹着 TF-boys、周杰伦、邓紫棋的歌曲，来度过练琴时光了。乐乐自己还在学校里面和同样学习乐器的同学组建了一个室内乐团。每过一段时间，乐团要到各个学校进行巡回演出。观众的反馈又给了乐乐新的学习动力。这样一来，钢琴就成了乐乐生命中不可缺少的一项学习内容。

这一个阶段，乐妈制造新奇感的方法，表现为成就与满足。前面我们所说的轻松愉快和稀缺感是快速激发学习兴趣的秘诀，但更深的情感需要成就感与满足感来稳定。当乐乐拥有了本领，乐妈就在她能力范围内帮助她创设环境产生成就感。而成就感对学习兴趣的促进，几乎是终生都不会消退的。

在学校的学习瓶颈期，乐妈同样使用了成就感来保持乐乐的学习兴趣。进入小学后，乐妈会把乐乐写的字展览出来，在家里摆上一个展柜，上面放着家人的各种创作，乐乐经常发现自己的字被妈妈拍下来，贴到展柜上。学校的学习也是如此，乐妈经常请乐乐给她讲题目，还给乐乐准备了小黑板与小粉笔，妈妈做学生，孩子做老师，让乐乐在教学的过程中，产生更多的成就感与满足感。

就这样，乐乐的兴趣，一直在保持，并且一直在深化。后来，乐乐成了班上品学兼优，又有高水平特长的孩子。

现在，我们来总结一下这一章的内容。我们会发现，只有充分了解兴趣这件事情以后，我们才能学会如何激发它、深化它并且保持它。兴趣的原点是新奇。这份新奇，在开始阶段，等于神秘；在中间阶段，等于稀缺；在保持的阶段，等于成就。

兴趣并不是简单地等待孩子自发出现，等待孩子自我激发后保持，等待孩子的苦苦坚持。家长在培养孩子兴趣的过程中，作用非常大。一流的家长懂得如何激发孩子的兴趣。如果我们能真正理解并灵活运用兴趣产生、保持的规律，我们就能作为孩子兴趣培养过程中最重要的陪伴者。

### 如何面对必须要学习的内容

前面讲的兴趣激发，很大程度上基于我们发现了孩子的兴趣，并且在想办法保持下去。但现在有一个最棘手的问题，如果有些学科一开始孩子就不感兴趣，但是又不得不学，怎么办？比如小学阶段的语文、数学、外语等科目。孩子可能会因为各种原因不喜欢某一门学科，可能是因为学习进度刚开始时落后了，打击了自信心；也可能是自己非常不喜欢某一科的老师；或者是自己对某方面的天赋有怀疑。面对这样的"不利开局"，诀窍仍然是激发兴趣，塑造新奇感。

来说说我自己的故事。小学时，我曾是学校里的优秀学生。但考入省重点中学以后，新的学习内容让我完全吃不消。最不适应的学科就是英语，我完全跟不上学习节奏。因为，当时老师默认我们26个字母和一些基本的单词是学过的。但在我原来的小学，老师完全没有教过，我们以前就没有英语课。而这些内容，我的其他同学早就在小学或者其他补习班中学了几年了。准确地说，我当时学过的所有字母都来自于汉语拼音。

第一节课，老师竟然让我到黑板上默写26个英文字母，那个时候，我内心那种尴尬、无辜和失落的情绪混杂在一起，即便是26年后，我仍然记忆犹新。我都不知道自己是怎么走下讲台的，也不记得到底默写了几个字母。但是，这好像就是重点中学给我的一份"入学礼物"！那段时间，我的英语考试成绩很差，信心一次次被打击，也越来越不喜欢学英语。在这个关键的时刻，我的妈妈并没有强迫我去大量刷题，或者送我去老师家补习。而是给我找来了一位大朋友艾利克斯（Alex），一个阳光帅气的美国大男孩。当时，我14岁，他25岁。

可能你们会以为，Alex是我妈请来的外教。但实际上，他只是我的美国朋友，他不主动教我任何的英文教材、语法甚至单词，就是经常约我出去玩，骑单车、划船、摘橘子、打乒乓球。我们还相约一起去外地旅行。和他在一起，我没有任何学习的压力，只不过他除了说"你好"之外，完全不懂中文。所以，我们只能通过英语交流。为了和这位有趣的朋友正常对话，每次和他见面，我都要准备好久。查单词，看句子，准备对话场景。即便如此，在和Alex的对话中，我还是经常出错闹笑话。比如，我们出去玩的时候，中午肚子饿了，我会脱口而出："I am angry"（我生气了）。听得Alex丈二和尚摸不着头脑，后来他才发现我要说的是"I am hungry"（我饿了）。虽然，我的英语水平很有限，但在这个过程中，我渐渐地对英语不是那么反感了，还逐渐地了解了很多西方的文化。Alex 会给我讲苹果派如何做，他小时候的万圣节是如何度过的，他的家乡印第安纳州现在还有没有印第安原住民等。我每次都听得入迷，而在平时写英语作业的时候，脑海里面浮现的都是这些故事场景，英语也变得没那么可怕和枯燥了。一个学期以后，我的英语成绩从 61 分上升到了 96 分，中间没有任何人强迫我，或者为了作业对我大吼大叫。

后来，我在和美国加州大学访问学者陈欢博士交流的时候，他说："要学好外语，必须首先意识到，我们学的并不是语言本身，而是这门语言背后的文化。包括历史、宗教、节日、地理、城市、民俗、寓言童话、文学影视作品等。与其说学外语是一门学科，还不如说是去感受其他文化当中值得欣赏的部分，仅此而已。"

所以，无论是必须学习的数学、语文、英语还是历史，我们都能用更多的活动、故事、电影、演出、玩具甚至电子游戏，去调动孩子对未知领域的渴望。这样激发出来的，才是真正发自内心、不需要监督的学习动力。

**因此，我们面对孩子暂时不喜爱某学科的最好办法，绝不是强迫、威胁或者絮絮叨叨地劝说，而是想办法展现这个学科当中最有故事性、最有趣味性的部分。**实际上，每一个学科都有它精彩的部分和机械无趣的部分，而我们如何展示、引导，决定了孩子那颗心能不能被好奇吸引，并且继续深入探究下去。

Boost your kid's
desire to learn

truths about
children's
motivation in learning

第三章

正确的目标和计划：
学习动力的源泉

很多教我们如何学习、工作的书经常用很大的篇幅来解释如何正确地制定目标和计划。很多人在阅读的时候，都会认为这些内容是让他们实现愿望的一种技能和方法。但是，大部分人不知道制定目标和计划首要的功能一定是激发动力，让我们更加有实现愿望的欲望，其次才是帮助我们一步步达成目标。可以说，目标和计划设计得合理，我们会更想要去学习；而一个有问题的目标和一份失败的计划则会让人还没开始就想放弃。

## 为什么目标、计划可以激发学习动力

我有一位企业家朋友曾经向我咨询，说自己的儿子在国外读中学，其他的表现都还不错，就是学习上感觉没有什么动力。但是，孩子的同班同学中有很多优秀的人，他怕孩子这样下去跟不上班。下面是我和他的对话：

"你儿子平时有什么兴趣爱好吗？"

"爱好不多，但我听他说喜欢学习编程，对人工智能感兴趣，但只是感兴趣而已。"

"看样子孩子是缺乏学习动力，而你还没有找到激发他动力的方法。"

"是啊，就是不知道怎么激励他！"

"普通人努力学习可能有三种动力来源。第一，改变命运，希望能够通过学习让未来的生活条件更好。但你儿子不存在这方面的改变需求。第二，出于兴趣爱好而专注学习，孩子只是喜欢某种学习内容本身。这对于那些家庭条件优越的孩子，是常见的动力来源。第三，出于改变世界的理想，希望通过学习完成人生的某些宏大愿望。就像史蒂夫·乔布斯说的，'活着就是为了改变世界！'这种动力，需要我们长期的培育和引导，同时也和个人成长经历息息相关。所以，你必须要找到能够激发孩子动力的目标，这样他才能有行动力。"

**设置合理的目标本身，就是一种极好的激励方式！**

举个例子，做同样一件事情，设置不同的目标，会产生完全不同的动力。很多人可能都听过这样一个著名的故事：

有一位哲学家到一个建筑工地分别问三个正在做事的工人说："你在干什么？"第一个工人头也不抬地说："我在砌砖。"第二个工人抬了抬头说:"我在砌一堵墙。"第三个工人却带着热情、满怀憧憬地说:"我在建一座教堂!"

对这三位工人来说,他们的工作动力、坚持的能力、克服困难的决心一定有天壤之别。有着更加宏伟、远大目标的人,在完成眼前简单、重复、枯燥的事情时,都会带着不一样的心情。积极心理学把幸福分成三个层次:乐趣、激情和更高的使命/意义。心理学家研究发现,把自己从事的事情,融入更加广阔、更有意义的事业中去,是更高级的一种幸福感,它超越了感官的乐趣,超过了激情的层次,而这种行为的动力也是能够持续较长时间的。这也就意味着,设立目标显著地影响了人的行为动力,这种影响甚至是决定性的。

我们来看一个把无意义、枯燥的事情通过设置目标、改变意义提升动力的小案例。

如果有人让你在 60 秒之内,尽可能多地点击手机屏幕,统计你最快能够点击多少次,超过了规定的速度,会有一定的报酬。我敢预测你玩到第 3 次,就会感到非常无聊,开始不在乎那一点测试的报酬,然后放弃这项测试。

但是,换一种方式,你可能会玩上 10 次也不觉得累。同样是拼手速,在某一次年会上,主持人宣布我们要玩一个小游戏:谁能够把游戏里面的小车开到前五名,就有可能获得一个奖品或者红包。而游戏中的小车速度,取决于你在 60 秒里面点击屏幕的次数。结果你会发现,一群人以各种怪异的姿势发疯一样地点击自己的手机屏幕,争取能够把小车冲到前五。即便这个红包并没有多大的金额，他们仍然会充满动力地去争取。一旦获得了奖励，他们会爆发出兴奋的欢呼，就像是买彩票中了 500 万大奖一样。而大家拼手速的平均成绩，也比第一种方式单纯地记录点击速度要高得多。这就是第一个层次的目标升级，把完成的过程变得更有意思。而如果告诉大家，只要有人一分钟点击屏幕超过了 300 次，每增加一个人，就会有企业给当地指定的孤儿院捐赠 1 万元善款。再来看看全场的人，将会更加努力来完成这个枯燥的目标，而在这个过程中，他们的眼神中都会放出光彩。因为，通过拼手速，可以实现非常有意义的事情。这就是目标的魅力。可以说：学会制定目标就是按照大脑喜欢的方式去完成工作，它能起到激发大脑潜力的功效。

但是，有一个小小的阻碍——没有人天生就会设定目标。很多人到了 30 岁、40 岁好像都不清楚自己的人生目标是什么，有什么样的理想。这也就意味着，大部分的人不会制定目标。他们也许有愿望，但是注意力很快就会被其他事物带走，从而又回到目标清零的状态。所以，制定目标和计划，是应该从小培养的事情！

## 💡 如何制定一个正确的目标：善用 SMART 工具

究竟怎样制定一个正确的目标呢？很多家长可能会说："我自己都不太会制定目标，怎么去教孩子呢？"其实，现在你就可以和孩子一起来学习这样的方法，同时提高你的工作动力和孩子的学习动力。

制定目标和计划是两件密不可分的事情，我们可以把它们看成一个有机的整体。要制定出一套有吸引力、能激发学习动力的目标和计划，需要完成以下五步流程。

### 激发目标阶段

这个阶段，其实算是"谈人生、谈理想"阶段，也就是搞清楚孩子的愿望到底是什么。这并不一定非要等到孩子上学以后再开始做。在学龄前的日常生活中，就可以经常地进行练习。而目标也是有层次的，它可以是非常鸡毛蒜皮的小决定，也可以是阶段性的愿望——中目标，还可以是关乎梦想的大目标。而每一个阶段的目标，都不是凭空而来的，我们都需要练习。

**小决定**：也可以说是小目标，那就是让孩子在生活中理解什么是自己想要的。平常我们要给孩子尽可能多的选择权，比如："宝贝，你晚上想吃意大利肉酱面，还是虾肉馄饨呢？""你想要先读绘本还是先洗澡呢？""刚才我们看到的气球，你最喜欢哪个啊？""明天上幼儿园，你最想把礼物送给谁？"经常让孩子选择，询问他们的意见，会让孩子习惯于在点点滴滴的小事情上先思考后行动。

**做出小决定也是制定目标最重要的一步！**对的，你没有看错，讨

第三章 正确的目标和计划：学习动力的源泉

**论小目标是整个环节中最重要的一步。它关乎着孩子的一个重要心理特征——控制感**。一个觉得自己可以掌控生活的人，才更愿意制定目标，有更多的渴望。相反，如果失去了控制感，觉得什么都不由自己决定，他将会对制定目标感到厌倦——因为即便制定了，可能也实现不了。

**中目标**：也叫中期目标，可能是一个更完整也需要更长时间完成的项目。比如，学会一支舞蹈、晋级跆拳道黄带、完成英语 C1 等级的学习课程等。这样的目标，一般是没有办法一下子完成的，所以从制定目标到完成之间，需要投入更多的精力和毅力，也就需要更加充分的理由，去激发孩子。除了我们上一章讲的营造"饥饿感"之外，我们还可以经常与孩子玩"找理由"的游戏。比如，孩子想学会《学猫叫》这支舞蹈，并且在圣诞节的晚会上表演，估计要练习一个月的时间。为了能让孩子在这段时间里面有持续的热情，坚持完成这一项活动，在开始之前，我们就可以和孩子一起来玩"找理由"的游戏。我们可以问孩子："你为什么想要学这支舞蹈，并且参加表演呢？可以把你的理由都告诉我吗？"然后，让孩子列出自己的理由。

比如，小丽的理由是：

1. 我很喜欢这首歌，也想把舞蹈学会；
2. 我看到姐姐跳这支舞的时候很漂亮，我也想像她一样；
3. 我很喜欢小猫；

4. 在圣诞晚会上表演可能会获得奖品；

5. 我的好朋友茜茜也参加了这次排练。

孩子的理由越充分，意味着他完成这件事情的动力越大。然后，我们还需要和孩子一起想想，完成这件事情有什么困难，同样罗列出来：

1. 跳舞有时候很累；

2. 可能会占用看动画片的时间；

3. 排练的那一天要早起。

接着和孩子讨论，这里面有没有很难克服的困难，并且一起讨论解决这些困难的办法。最后，再和孩子确认一次要不要做这件事情。家长在和孩子讨论的过程中，观点尽量保持中立，不表现出期望孩子怎样选择的倾向。一旦孩子可以完全自主做出决定，他们能够坚持下来的概率也就更大。一旦开始，家长也要尽可能地帮助孩子来完成这个目标。而最大的奖励，则是完成中等目标后获得的成就感！

**大目标**：当和孩子讨论大目标，也可以说进入人生、职业理想的讨论阶段，我们就需要更多地聊到这个目标的社会意义，它能给身边的人，甚至全世界的人带来什么改变。我们可以问问，在这个领域，孩子有哪些崇拜的人，和孩子一起去看关于这些人的纪录片、传记或者电影，甚至可以和孩子一起，亲身感受某种职业或者生活的魅力。

第三章　正确的目标和计划：学习动力的源泉

我在中学阶段对物理学的痴迷，就来自于我的家庭教师胡老师。他是大学物理系的教授，每次都会给我讲牛顿、爱因斯坦、普朗克、玻尔这些大科学家的故事，还送给我他们的传记。即便我还在学习初中物理，他就时不时给我讲一讲相对论是怎么回事、人如果坐上光速飞船会怎样，经常听得我如痴如醉。虽然我最终没有从事与物理专业相关的工作，但那些学者成了我的偶像，激励着我在后来的学习中以他们为榜样，常常幻想自己也能成为像他们那样的饱学之士。

## 制定目标阶段

如果能在谈理想的阶段，激发出孩子基本的学习热情，我们就可以进入下一个阶段——制定目标了。其实很多孩子也知道要制定目标，不信可以去问一问，他们一定可以说出五花八门的目标来。

有一次，我问一群学生："你们的学习目标是什么呀？"他们七嘴八舌地抢着回答。有的小朋友说："我的目标是好好学习。"而有的小朋友则说："我的目标是成为一个优秀的人。"还有的小朋友这样说："我长大以后要当一名科学家。"这些目标看起来都很不错，也很高大上，但你是不是也有像我这样的感觉——他们的目标比较难以量化。

就拿第一个孩子的答案"我的目标是好好学习"来说，"好好学习"是很模糊的，非常不好测量和描述。好好学习，到底什么程度才是好，什么程度才是不好呢？所以，像"好好学习"之类的目标，就不是一个清晰的目标。如果目标不清晰的话，孩子就不知道怎么去学习，就不知道他们的行为是不是靠近了这个目标。也就是说，这样的学习目标，对于孩子无法起到任何指引性的作用。

我不知道你们是否问过自己的孩子，他们的学习目标是什么。如果他们的回答是"我要学好""我要进步""我要努力"的话，那就意味着他们的目标太过于笼统了，根本不具备可操作性。所以，我们不仅要让孩子树立目标，还要让他们理解到底什么是目标，以及制定目标的具体方法。

对于这个问题，心理学家早就做过了大量的研究，他们把科学制定目标的方法称为SMART原则。

## 制定目标的SMART原则

SMART是五个英文单词的首字母缩写，分别是指——具体（Specific）、可测量（Measurable）、可实现（Achievable）、相关性（Relevant）、时限性（Time-bound）。SMART原则在现代企业中被广泛运用，当然也可以帮助我们引导孩子科学地制定学习目标。

从字面上，我们可以这样理解——一个好的目标，首先要具体而清晰，是可以衡量的，虽然有挑战性，但是可以实现，同时与其他目标具有一定的关联性，又可以在一定时间内完成。

就拿"我要好好学习"这个例子来说，怎么教孩子将它转换成符合SMART原则的目标呢？可以变成这样——比如说，"我要连续一周，每天都默写出 20 个新单词""我要在未来的一个月内看完 4 本课外书",或者是"在这个月内,每天回家的第一件事,就是弹钢琴,而且每次要认真练习一个小时"。

当孩子把"好好学习"这个很空泛的目标,转换成一个具体的、可测量的、可实现的、与学习相关的和有时限的目标时,他就可以在完成目标的过程中,得到准确的反馈,他会经常这么问自己:"我离这个目标是不是又近了一步?我是不是圆满完成了这个目标?"

家长利用 SMART 原则,教孩子制定一个明确、合理的目标,这样可以让他在学习的时候,有计划、有方向,会为以后学习新事物打下非常好的基础。下面我为大家分享一个家长用 SMART 原则,引导孩子制定目标的案例。

阿力已经学习跆拳道大半年了,他想要通过 6 月中旬的跆拳道绿带考级。怎么把这样一个历时几十天的中目标,进行 SMART 原则改造呢?这时候,爸爸就和阿力一起讨论了跆拳道绿带所要考试的动作,发现一共要考六个部分。

1. 礼仪、礼节:背身整理道服、立正、行礼;
2. 品势:太极一章、太极二章;
3. 基本功:弓步下格挡、中格挡、上格挡;
4. 拳法:直拳击靶左右各 3 次;
5. 腿法:横踢、横踢接下劈、横踢接高位横踢;

6. 体能：

（1）俯卧撑（8个）；

（2）两头起（8个）；

（3）背肌（8个）；

（4）快速连续左右提膝腿（20个）。

根据考试要求，每个部分要做到动作标准、过程流畅。中间出现的错误少于2次，基本上就能通过。如果动作到位、漂亮，声音洪亮有气势，还有可能获得优秀。根据考试标准来制定训练目标，SMART原则当中的具体（S）和可测量（M）这两点就都符合了。另外，阿力获得黄带等级已经有5个月了，晋级绿带所要求的动作，几乎都已经掌握了，只是需要更加熟练和精准一些，那可实现性（A）也具备了。而且跆拳道考试当中的"品势"（相当于武术当中的套路表演），正好可以在6月1日儿童节代表班上参加汇演，实现了目标的相关性（R）。时限性（T）也很明显，现在是5月10日，有大约35天的准备时间。

这样一个科学的目标，就已经制定完成了！接下来就要进入计划制订和完成阶段了！

## 如何制订一份合理的计划：日历式计划法

我们每个人也许都订过计划，但是大部分人并不完全理解计划的准确含义。实际上，计划就是把目标分解为可以实现的形式，并且安排在时间表当中。这就包括了目标分解和时间表两个部分。如果你理解了这一点，就可能会领悟到制订计划的一个非常重要的原则：**制订计划无论对于大人还是孩子来说，绝不要用任务清单的形式来做，而要用日历（日程表）的方式来完成。这两种制订计划的方式，对于学习动力的激发有着巨大的差别。**

## 清单式计划

首先，要搞清楚，什么叫作任务清单。我以阿力为例，大概是这个样子的：

5月12日任务清单

1. 数学作业：做完基础训练（重要）；
2. 语文作业：写一篇日记，抄写课文生词（重要）；
3. 读绘本3本；
4. 练习跆拳道（品势：太极一章、腿法、体能）（重要）；
5. 帮妈妈买酱油；
6. 给咪咪（猫）喂食；
7. 给生病的同学阿华打电话，告诉他今天的作业。

乍一看，大家可能会觉得："这不是挺好的吗！我家孩子要是会做这样的计划，我们就很满意了！而且，我在工作中也经常是这样制订计划啊!"但是,这样制订计划的方式是有问题的!

  我们很有可能把几天的任务都写在了一张清单上,数量远远超过了上面列出的这一张清单。第一个问题,这张清单只有一系列孩子需要完成的任务,但是没有一个明确的计划说什么时候把它们做好。我们无法区分完成每个任务所需要的时间,比如给猫咪喂食可能只需要5分钟,而语文作业则需要大约80分钟。当孩子看到清单以后,他并不知道要先做哪一个。他很可能会选择那些快速、简单的任务,而不一定是最重要的任务。比如,孩子回家以后,喂了猫、买了酱油、打了电话、读了绘本,结果作业没做,跆拳道没有练习。孩子完成的都是一些和主要目标无关的事情,重要的事情反而被滞留,因为作业明天必须交,所以今天一定要完成,那就只有明天再练习跆拳道了。结果,计划就这样被耽误了。

  第二个问题,任务清单会给人造成很大的心理压力。实际上我们把需要做的事情写在清单上是为了提醒自己。但这种不断的提醒,仿佛在告诉孩子"你还有很多事情没做"!清单上滞留的任务越多,孩子就越会感觉到喘不过气来。在作业没做完的时候,孩子已经身心俱疲,只想早点睡觉了;而第二天一起床,发现清单上还留着几天以来没完成的任务。这样下去,迟早会让人崩溃的。时间管理著作《忙碌人群指南》就指出:据统计,任务清单上有41%的项目都没被完成。这也就意味着,只要我们使用清单,就会有40%以上的未完成事件,而这些未完成的任务都会变成我们的隐形压力。心理学里面有一个"蔡格尼克记忆效应",说的是未完成的目标会让人产生干扰式的、不受控制的想法。

## 日历式计划

既然清单式计划如此不靠谱,哪一种方式更科学呢?答案很直接:日历式计划。做计划的高手一般不会有超过 1 天时间的清单,但是他们一定有一个井井有条的日历。如果你真的想完成一件事情,那就要给它安排出时间来。

你可能会发现,最成功的商人、最当红的明星或者是日理万机的政治人物都有一个全天的日程表,这个日程表可能都安排到几个月以后了。这个日程表不是用来炫耀的,而只因为它是对抗忙碌的最佳工具。把计划写在日程表上,这样一个简单的行为会解放你的大脑、减轻压力,同时更容易让你专注。相比起把你要做的事情罗列出来,日程表具备以下五大优势:

第一,很多事情能否完成的关键就是它是不是会被打扰,有没有整块的时间来完成它。一旦你的计划安排在日程表上,你就能够轻易地知道,某个时间是专属于某件事情的,这就是所谓的"封闭时间"。封闭时间最显著的效果就是让你在高度专注中高效完成任务,更有可能让你达到"心流"状态。

第二,有了一张日程表,你就可以选择把重要的事情尽量安排在一天早一些的时候。没有必要在清单上再额外标注哪些是紧急任务、哪些是重要任务。每天都会有很多意外的事情发生，如果你想要完成重要的事情，把它们排得早一点是最明智的选择。

第三，日程表可以让你的宏伟目标不仅仅停留在构想上，而是会促进你把任务分解，然后平铺在时间轴上。让你感觉走完这个历程，目标一定可以完成。即便是没有完成目标，也可以帮助你进行总结和复盘。

第四，一旦定下日程，就像是给了自己一个承诺。比较一下清单和日程表给你的感觉，你是更容易把一份长长的清单觉得做不到的事情删除，还是更容易废除掉你日程表上的约定呢？我想大多数人一定更想删掉太长的清单，而对于日程表上的安排改动会更加谨慎，也更倾向于改期而不是删除。

第五，日程表更容易帮你自动拒绝那些不在规划之内的请求。比如你接下来两周的时间几乎都安排满了，但是有个朋友突然约你去他家玩"大富翁游戏"。如果你手上用的是清单，就很可能把这个邀约添加上去。而如果你参考的是日程表，你就会告诉朋友可以约在两周以后。这样就给专注于当前的任务留出了时间。

接下来，我们就试着用日历计划法来安排一下阿力一周的时间。

## 第三章 正确的目标和计划：学习动力的源泉

| 日期 | 周一 5.21 | 周二 5.22 | 周三 5.23 | 周四 5.24 | 周五 5.25 | 周六 5.26 | 周日 5.27 |
|---|---|---|---|---|---|---|---|
| 早上 6am–8am | 起床–0.5h<br>早餐–0.5h<br>体能–0.5h | 起床–0.5h<br>早餐–0.5h<br>体能–0.5h | 起床–0.5h<br>早餐–0.5h<br>体能–0.5h | 起床–0.5h<br>早餐–0.5h<br>体能–0.5h | 起床–0.5h<br>早餐–0.5h<br>体能–0.5h | 起床–0.5h<br>早餐–0.5h<br>跆拳道练习–1h | 起床–0.5h<br>早餐–0.5h<br>跆拳道练习–1h |
| 上午 8am–12pm | 路程–0.5h<br>上课–2.5h | 路程–0.5h<br>上课–2.5h | 路程–0.5h<br>上课–2.5h | 路程–0.5h<br>上课–2.5h | 路程–0.5h<br>上课–2.5h | 去外婆家做客 | 和爸爸钓鱼–3h |
| 中午 12pm–2pm | 午休–1h | 午休–1h | 午休–1h | 午休–1h | 午休–1h | 午休–1h | 午休–1h |
| 下午 2pm–6pm | 上课–2.5h<br>写作业–1h<br>路程–0.5h | 上课–2.5h<br>写作业–1h<br>路程–0.5h | 上课–2.5h<br>写作业–1h<br>路程–0.5h | 上课–2.5h<br>写作业–1h<br>路程–0.5h | 上课–2.5h<br>写作业–1h<br>路程–0.5h | 周末作业–1h<br>自由时间–3h | 课外书阅读<br>下周学习预习 |
| 晚上 6pm–10pm | 晚餐–0.5h<br>写作业–1h<br>练跆拳道–1h | 晚餐–0.5h<br>跆拳道课–1.5h | 晚餐–0.5h<br>写作业–1h<br>练跆拳道–1h | 晚餐–0.5h<br>写作业–1h<br>练跆拳道–1h | 晚餐–0.5h<br>跆拳道课–1.5h | 晚餐–1h<br>自由时间–3h | 晚餐–1h<br>上学准备–1h |
| 碎片时间 | 给咪咪喂食 | 给咪咪喂食<br>做家务 | 给咪咪喂食<br>告诉阿华作业要求 | 给咪咪喂食<br>做家务 | 给咪咪喂食<br>给老师打电话 | 给咪咪喂食 | 给咪咪喂食 |

用日历计划法安排一周的时间

（h＝小时）

仔细看我上面列出的时间表，不难发现，每个时间段所安排的任务并没有填满，这就是我们需要留出来的缓冲时间。总的来说，在非节假日每天最好给孩子安排1.5~2个小时的缓冲时间。如果时间安排得太满，一个任务接着另外一个任务，会让孩子没有空余时间去处理突发事件甚至思考。这些缓冲时间绝不是无所事事，虽然你也可以这么做。但它对于创造一个良好的心理状态、减少压力而言，作用真的是太大了。

### 可视化

和孩子讨论并且协商后制定的时间表，要贴在显眼的地方，确保孩子每天能高频率地看到。如果只是把计划写在笔记本里面，或者放在抽屉里，或用文件的形式放在电脑里面，容易让孩子忘记今天的计划是什么。因为人类的短时记忆能够随时保持的信息只有5~9个符号单位。连一个手机号码要随时想起来都有点困难，所以，对于信息量更加复杂的时间表，就需要用可视化的形式不断地提醒计划的执行人按照事先制订的计划行事。成人也许可以使用手机里的时间表随时提醒自己，而孩子提醒自己的方式就可以是把每周的时间安排贴在墙上，并且把当天的安排记录在笔记本上。

## 💡 如何有效执行计划：专注、改进，留出弹性时间

还以阿力的计划为例，爸爸可以和孩子一起，把跆拳道绿带考试训练分配到 35 天的时间里面去。每天的练习项目、次数和占用时间是非常具体的。比如，"太极一章"要练习多少次、前踢和侧踢各练习多少次、体能训练如何安排。计划制订好，孩子每天的任务很清晰，顺序也可以很明确，早晨练习体能，晚上回家练习品势，有跆拳道课的时候练习腿法和拳法。

在整体规划上，他们还划分了训练期和模拟考试期。训练期把项目分解来练，而模拟考试期会由爸爸或者教练来陪练，严格按照考试的流程来练习，锻炼孩子的心理素质。在 SMART 原则的指导下，爸爸和阿力把一个模糊的考试目标，细化成了可实现、可量化、有步骤、能期待的具体过程，**让愿望在科学的规划中触手可及**。结果，阿力也如愿以偿地在跆拳道考级中以优秀的成绩通过了黄带升绿带的考试，还在儿童节的表演中获得了团体二等奖。

### 目标唯一法

在确保计划能够顺利执行的时候，需要有一个保障体系。这个体系，我把它称之为**"目标唯一法"**，也就是说：**同一时间只制定一个目标**。虽然我不排除有那种可以多线程完成任务的特殊人群，但对于绝

大多数人来说，一个固定时间制定一个目标，是最明智的选择。这也就意味着，在孩子制定目标之初，家长要陪着他们预估哪些是可以实现的。即便是可以完成同时制定的多个目标，也要坚决放弃那种多线程设计，而是要在一个时间段集中突破一个问题。

举个例子，我们俱乐部社群有位8岁孩子的妈妈罗女士，她最近发现孩子这段时间，早上起床磨蹭，上兴趣班也迟到，做什么都很赶，也很吃力。跟孩子沟通以后，她发现孩子在同一时间里面制定了三个目标，包括：参加跳绳比赛，并且希望实现每分钟超过100下的个人纪录；一个月看完《三国演义（少年版）》；完成老师每天布置的作业，并且获得良以上的评价。问题是，这三件事情都需要占用孩子放学以后的时间，相互之间也没有太多相关性，周末还有兴趣班要参加。所以，孩子每天为了完成目标，基本上是疲于奔命。没过多久，制订计划时的那些豪情壮志就烟消云散了。妈妈刚开始并没有干预孩子制订计划的行为，直到孩子计划受挫有些沮丧的时候，妈妈才对孩子说："你觉得在一个时间段，同时完成三个目标，是不是一件很辛苦的事情啊？"

这时候，孩子点点头。妈妈接着说："美国有一个很著名的企业家叫扎克伯格，他创立了一个很大的互联网公司叫作Facebook，每个月都有超过10亿的人用他们的软件。扎克伯格在给自己订计划的时候，每年才订一个，然后专心致志地去完成，结果每年的计划都顺利完成了。你觉得和这位哥哥相比，你有什么需要调整的地方吗？"孩子很快就明白了，自己因为想要完成的事情太多，反而把精力分散了，导致计划以失败告终。于是，妈妈和孩子一起，分析了孩子最想实现的一个目标，结果发现竟然是获得跳绳比赛的名次。而跳绳比赛还有一个月的时间。妈妈于是和孩子商量，先暂停周末的兴趣班，一个月以后再恢复。《三国演义（少年版）》也暂不列入每日计划。为了抽出更多的时间练习跳绳，孩子必须在学校就完成一部分的家庭作业。回到家，确保做作业加检查作业在晚上8点前完成。剩下的1.5小时，就是专心练习跳绳的时间了。前一个小时用来练习，后面半个小时用来总结方法。在妈妈帮助孩子改变策略以后，孩子的跳绳水平突飞猛进，最终在本校的比赛中获得第1名，在跨区的比赛中获得第5名的好成绩。这位妈妈欣喜若狂地把这个好消息与我们社群所有的家长进行分享。她最开心的并不是孩子的成绩，而是她使用这一套方法帮助孩子制定目标、计划并且真的起到了效果。我们大人和孩子都要知道，计划就是用来执行的，而不是用来自虐的！所以，一次完成一个目标，是最好的实现目标保证法。

## 评估和改进计划

前面我们展示了家长和孩子科学制订计划并且实现目标的案例。但并不一定每次的计划都会执行得那么顺利，很多时候我们有可能被一些意料之外的事情干扰，也可能因为自己低估了完成任务所需要的时间，导致没有完成计划。这个时候，对计划的评估和改进就显得非常重要了，它可以帮助孩子迅速调整执行方式，确保以更合理的方式来推进目标。

当孩子发现自己和计划中的时间安排有超过3天以上的差距时，我们就可以对计划做一个评估了，看到底是哪里出了问题。我们可以从以下几个方面去反思：

1. 有没有高估自己的能力和完成效率；
2. 有没有低估某件事情的难度和复杂度；
3. 有没有把经常可能发生的"意外"考虑到时间表里；
4. 有没有考虑到身体或者情绪的因素；
5. 有什么方法可以改进。

## 高估自己的能力和完成效率

实际上每个人对自己的能力都会有一定程度的高估，这种乐观其实是大脑的一种保护机制，让我们更容易对未来保持希望。但对于执行计划来说，这种思维倾向就可能成为一个产生误差的心理原因。这就是为什么日本"经营之圣"稻盛和夫会说："我们要悲观地计划，乐观地执行。"所以，当计划受挫的时候，我们首先要考虑的就是："我是不是过于乐观了？"比如，我们与孩子制订的原计划是一天识记40个新单词，每天用在背单词上的时间是1小时。经过3天的执行发现，每天测试时孩子只能记住22~25个单词。这种没有完成任务的感觉让孩子产生了挫败感，有些孩子可能就不愿意继续坚持执行这个计划了。

遇到这种情况，我们可以做两个动作：增加完成任务的时间或者减少任务量。增加时间的前提是，孩子有额外的时间可以增加，或者孩子已经决定删除其他的任务，来确保这个任务的完成。另外，我们可以根据自家孩子的乐观程度，来给他制订一个"膨胀计划"。这个方法是《高效 15 法则》的作者凯文·克鲁斯（Kevin Kruse）提出的。比如有的孩子平时比较谨慎，倾向于实事求是，那孩子预估的计划时间，我们可以帮他乘以 1.5 倍。他计划写完作业需要 1 小时，那我们可以建议孩子安排 1.5 小时。而有的孩子平时就过于乐观，总是高估自己，那我们就要建议孩子把自己估计的时间膨胀到 2 倍，从而保证最终能够完成任务。

减少任务量有时候比增加时间更痛苦，我们的大脑也有着"完美主义"和"面面俱到"的倾向，总是"鱼想要、熊掌也想要"。正是由于鱼和熊掌想兼得，结果可能导致哪一样都得不到。减少任务针对的是在制订计划的时候，没有贯彻"目标唯一法"的孩子。我们需要重新来一次，选择这段时间唯一的目标。还有一种需要减少任务的情况是把目标制定得过高。阿力要获得跆拳道绿带资格和以优秀（90 分以上）的成绩获得绿带，付出的努力可能是成倍的关系，虽然两个分数都是及格分数。在这个时候，我们需要询问孩子，在目前的时间限制下，是否要把标准降低到他可以接受的最低程度。**因为实现目标才是对信心的保护，而所有过高的目标最后实现不了，都可以说是一种挫折。**

### 低估事情的难度和复杂度

这一点和高估能力的相似之处就是可能都需要增加时间或减少任务。但是，它反映的是孩子对某一个学科或者某一件事情还不够了解。特别是在孩子刚刚接触新的学习项目时，很容易对这项技能的练习难度估计不准。而对于自己熟悉的学科，孩子会有更准确的预测。所以，我们可以根据孩子对学习内容的了解程度，继续使用"膨胀计划"的方式来预留时间。对于新学习的内容，我们给予2倍甚至3倍的预留时间，而对于熟悉的项目预留1.5倍就足够了。

### 没考虑意外情况

意外有两种：一种是发生概率非常低，如低于5%发生概率的事件；而另外一种意外，其实是经常发生，只不过我们没有意识到，并且也没有把它写进自己的时间表当中。我们需要反思的，是第二种"意外"。比如，阿力的同学、好朋友阿华这个学期因为疾病需要休学，但是他不想耽误学业，在家休学也想完成作业。原本阿华是可以在班级微信群获得作业信息的，但是有时候因为信息太多，很难找到关键信息。如果他对作业有些不理解，就会打电话给阿力来询问当天的作业情况，最长的时候阿力需要花20分钟的时间来给阿华讲解题目和作业要求。但这样的事情，并不是每天都会发生，大约一周两次。另外，有时候妈妈还会让阿力去买调料、拿快递。阿力偶尔还会忘记带练习册回家，因此跑到学校去拿过两次。这些事情的发生，都有可能打乱原有的计划，但这些事情也是可以预料和避免的。

原则就是：用清单避免错误，用拒绝避免干扰。如果孩子总是丢三落四，因为没有带东西而耽误时间，我们就可以和他一起来写几张清单，并且在关键的时候核对清单。如上学之前，通过核对书包里面的东西是否带齐，来排除"意外"发生的可能。千万不要小看清单的作用，它已经帮助很多行业大幅降低出错率。在医院开始大规模使用清单后，手术病人的术后并发症降低了36%，术后死亡率降低了47%。如果孩子的计划被其他人为因素打断，家长要鼓励孩子通过拒绝的方式确保计划实施。比如，妈妈需要阿力帮忙收拾家务，但这正是阿力练习跆拳道品势的时间，阿力就可以先委婉拒绝妈妈，然后安排碎片时间完成这个任务。这里说的"拒绝"是要讲究方法的，在计划完成后尽可能地帮助父母和同学，或者利用碎片时间主动帮助父母或同学，提前为自己的计划安排好时间。父母在这个时候，如果不是十万火急的事情，切不可用权力逼迫孩子打乱计划，因为这也会破坏孩子的控制感。

### 身体或情绪因素

如果我们已经考虑了以上三个因素，那么孩子计划的现实性一定提高了一个档次。但想要让目标和计划达到完美匹配，还需要考虑最后一个因素——身体或情绪原因。一个人即便是健康的，也难免会遇到拉肚子、摔到腿或者生病的时候。另外，每天也可能有一些无法预料的情况，让孩子感觉到情绪糟糕。这都是可能降低学习效率、打乱计划的因素，考虑到这一点，我们才算真正地把计划的执行人当成一个真实的人来看待。

遇到这样的事情，我们同样需要对严重程度进行分类：

1. 严重问题：孩子病到卧床不起，或情绪极度悲伤、难过，完全没有办法做任何其他的事情。如果时间较短，建议对时间表进行调整。如果超过了3天甚至更长的时间，建议讨论计划是否要终止或延后进行。

2. 一般问题：孩子身体不舒服、感到虚弱，但仍然可以做事情；或者孩子心情不佳，但在可控范围之内。这种情况，建议仅仅降低计划的强度，但一定要做！哪怕把原本1小时的学习计划减少到15分钟，也比取消要好得多。在身体不适的情况下，仍然持续执行计划，会给孩子一种兑现承诺的感觉，也会让他产生成就感。等到孩子身体恢复后，更容易继续高效完成任务。而计划一旦中断，再重新开始就需要较长的时间来唤醒大脑对前面任务的记忆，也会降低效率。

遇到一般问题，我们仍然可以用"膨胀计划"来给生病或心情不佳的情况留出时间。当然，我们在时间表里面留出的那些缓冲时间，就会在这里发挥巨大的作用。

### 真实计划是什么样的？

我们继续以阿力为例，看看他某一周的晚间计划是如何调整的。

第三章 正确的目标和计划：学习动力的源泉

前一周的计划

| | 周一 | 周二 | 周三 | 周四 | 周五 |
|---|---|---|---|---|---|
| 晚上<br>6pm–10pm | 晚餐–0.5h<br>写作业–1h<br>练跆拳道–1h | 晚餐–0.5h<br>路程–0.5h<br>跆拳道课–1.5h | 晚餐–0.5h<br>写作业–1h<br>练跆拳道–1h | 晚餐–0.5h<br>写作业–1h<br>练跆拳道–1h | 晚餐–0.5h<br>跆拳道课–1.5h |
| 碎片时间 | 给咪咪喂食 | 给咪咪喂食<br>做家务 | 给咪咪喂食<br>告诉阿华作业要求 | 给咪咪喂食<br>做家务 | 给咪咪喂食<br>给老师打电话 |
| 执行情况 | 数学作业有不理解的概念，问老师用了30分钟。作业时间1.5小时。 | 去跆拳道馆路上堵车，多用了30分钟。 | 今天有作文课，老师布置了作文，用了1小时完成，写作业用了2小时，超过预期。 | 今天拉肚子，只写了作业，没有练习跆拳道。 | 今天没办法给咪咪喂食，已经打电话给妈妈啦。 |
| 完成 | √ | √ | √ | × | √ |

(h = 小时)

调整后的计划

| | 周一 | 周二 | 周三 | 周四 | 周五 |
|---|---|---|---|---|---|
| 晚上 6pm–10pm | 晚餐 – 0.5h<br>写作业 – 2h<br>练跆拳道 – 1h | 晚餐 – 0.5h<br><u>路程 – 1h</u><br>跆拳道课 – 1.5h | 晚餐 – 0.5h<br>写作业 – 2.5h<br>练跆拳道 – 0.5h | 晚餐 – 0.5h<br>写作业 – 1h<br>练跆拳道 – 1h | 晚餐 – 0.5h<br>跆拳道课 – 1.5h |
| 碎片时间 | 给咪咪喂食 | 给咪咪喂食<br>做家务 | 给咪咪喂食<br>告诉阿华作业要求 | 给咪咪喂食<br>做家务 | 给咪咪喂食<br>给老师打电话 |
| 改进 | 周一上新课，要多安排一些作业时间。 | 堵车无法预料，多计划一点时间。 | 每周三都有作文课，写作文多留一点时间，跆拳道看情况减少练习时间。 | 可以用碎片时间，主动告诉阿华今天的作业重点。 | 周末预留一些时间，给平时被占用的跆拳道练习时间。 |

(h = 小时)

这里的核心就是，每天一定预留 1.5~2 小时的缓冲时间，一定要预留，一定要预留！

## 完成作业计划的小工具

我们前文分享了很多关于设置目标和计划的场景。其实，就算我不说，父母心中也会有一个重点场景——写作业。在大多数父母心中，能够把作业写好，学习计划就完成了一大半。而大部分关于学习的亲子冲突，也都集中在写作业这一问题上，可能集中表现为孩子写作业拖拉磨蹭，不催促就不行动，父母不守着注意力就不集中……这些现象的主要原因就是没有合理的目标与执行计划。

但是对于小学生来说，能够自觉地在一张日程表上写下详细的作业计划和安排是有些困难的，特别是对于低年级的孩子。因为计划是否合理，还取决于孩子的逻辑思维能力和大脑的执行控制功能。这个时候，我们需要给孩子提供更加具体和实用的帮助，比如收集一些辅助他们制订作业计划的工具。这样的工具需要简便、易操作，最好具备及时反馈的功能，能够帮助孩子对自己写作业所需的时间做出准确的预估。

为此我搜集了很多的小工具并进行了体验，发现有一款"大力智能家教灯"产品还不错，较好地契合了孩子制订作业计划的需求，对孩子学习习惯的培养颇有帮助。比如，孩子对着它说一句"大力、大力，我要写作业"，灯的显示屏上就会出现"作业岛"画面。孩子可以决定先做语文、数学还是外语,并且可以设定需要的时间用来倒计时。确定设置后,每一座"作业岛"上就会出现相应的作业种类,而当天的任务就是"小主人"要完成所有"作业岛"的冒险,完成冒险意味着完成了作业。每一项作业还可以分解得更加具体,包括生词默写、课文背诵、算术练习等,更具体的任务同样需要设定完成时间。做完以后,"家教灯"会问孩子今天的作业是提前完成还是多花了时间,以此来帮助孩子在下一次写作业当中,更准确地估计用时。"家教灯"自带的智能摄像头可以在孩子完成作业后,将作业一键拍照上传并自动检查,让孩子无须等待父母批改就能提前发现作业的漏洞和问题。

父母也可以在手机 App 上看到孩子每天的作业计划,实时同步孩子的作业进度,对孩子的作业完成情况一目了然,并且在需要的时候协助他们做出调整。

在养成自主学习习惯的过程中,使用符合儿童身心特点的小工具进行辅助还是非常必要的。传统的教育更强调课外补习班、名师辅导、海量题库,而我更希望能够通过一些不错的小工具,帮助孩子养成良好的学习习惯,这才是解决孩子学习问题的关键。

Boost your kid's desire to learn
truths about children's motivation in learning

第四章

# 成长型思维：
# 学习动力持续的保证

> 他学习好，语数外政史地当课代表；不得了，总是赢得比赛，他是灭霸的存在。
>
> ——歌曲《别人家的小孩》

我们平常可能认为学霸和学渣之间的区别就是一个很想学习而另外一个不想学习。但是在我给上百个所谓学渣进行心理辅导后，才发现那些成绩落后的学生，有很大一部分其实和优秀学生一样渴望学习，甚至有一部分的学习欲望比成绩好的学生还要强。他们之间最大的区别就是，学霸可以把这种动力保持下去，但是学渣的热情在一些复杂原因的面前，很快地消退了。所以，最让人感兴趣的问题出现了：到底是什么样的素质可以让学习动力保持下去，从而造就了不同人之间的学习差异呢？要搞清楚这个问题，我们可能需要找一些典型的领域和代表性的人物来研究。

2020年1月，网络平台发布了一部震撼世界的体育纪录片《最后

## 第四章　成长型思维：学习动力持续的保证

之舞》（The Last Dance）。该片记录了 NBA 巨星、号称"篮球之神"的迈克尔·乔丹（Micheal Jordan）职业生涯当中很多不为人知的事情。看完之后，很多人忍不住惊叹，乔丹真是篮球界的 G.O.A.T.（Greatest of all time）——史上最伟大的运动员。如果把篮球运动作为一项学习，把乔丹看成是学习者，那他无疑是史上最佳篮球学习者。NBA 的每一个赛季都聚集着全世界最优秀的 400 多名篮球运动员，他们都是优中选优的结果。用什么来解释，乔丹最终成为全时代的最佳球员呢？很多媒体的解释是："因为他才华横溢，天赋出众，是为篮球而生的。"在我看来，这其实是最偷懒和不负责任的解释。这种说法意味着一个取得最好成绩的人也几乎就是天赋最佳的人，这几乎就是"基因决定论"。

但是美国心理学家卡罗尔·德韦克（Carol S. Dweck）却对乔丹的成长史做了系统的研究，并且发现乔丹的成果真的不能简单地用天赋来解释。

1978 年 11 月，一名年仅 15 岁的篮球爱好者，被高中校队教练从正式队开除。为什么呢？因为他投篮一般，防守平庸，身高偏矮（1.78m），基本上没有一个篮球运动员应该具备的才华。但这个小伙子始终没有放弃，继续不断地训练和突破自己。为了证明自己可以，他多次在校内的比赛中得到 40 分以上的高分，为的是引起教练的注意。但高中时代，他并没有得到太多的赏识。

然而经过艰苦的努力，他的篮球技艺有了突破性的进展，甚至他的身高也在不断的训练中长高了 10cm。在进入北卡罗来纳大学后他成功进入校队，并且还率队获得了美国大学篮球联赛（NCAA）冠军。1 年以后，他成功地进入了 NBA 公牛队，在后面的时光中带领着队伍开创了一代王朝，这个人就是乔丹。

故事看起来虽然简单而且顺理成章，但是有一个问题不得不值得我们思考：既然刚开始篮球水平一般、身高不够而且已经被校篮球队拒之门外，乔丹还有什么理由持续努力，他为什么相信自己一定能够成功呢？

德韦克在后面的比较和研究中发现，乔丹单纯从身体天赋来看绝不是球员里面最好的，要不他就不会被当初的教练所拒绝。而公牛队的前助理教练约翰·巴赫（Johnny·Bach）在采访中揭示了乔丹与众不同的秘密，他认为"乔丹并不是天生的天才，但他是一个不断想提高自己天赋的天才"。乔丹是因为天赋被提升以后，反而成了天才。不过，很多人只看到了他提升以后的结果，比如完美的身体素质、精妙的技术，但乔丹更加依赖的是自己的头脑和不断发展天赋的信念。

德韦克认为乔丹的经历揭示了那些最卓越的学习者身上的一个秘密：人的天赋，是可以不断发展的！**不管早期的天赋如何，人终将不断超越自己，发展自己的天赋。**

我们原来可能认为：天赋，有的人高，有的人低。如果你的某项天赋低，最好就避免做那方面的事情！但新的研究结果表明，不管你天赋的起点如何（病态缺陷除外），你都有可能将它发展到很高的水平。在这一点上，乔丹也在退役以后第二次向世界证明。

在我们的概念里面，会运动并不一定会经商。很多收入颇丰的运动员在退役以后，由于不会管理钱财，最终破产。比如，和乔丹对抗打过总决赛的 NBA 球星肖恩·坎普，职业生涯总收入超过 1 亿美元。但是他的收入几乎全都花在了私生子的抚养费上，他在全美各地拥有 11 名私生子女。结果他刚刚退役，就申请了个人破产。美国《运动画刊》曾统计出 78% 美式足球选手退休 2 年内出现了财务危机，60% 的 NBA 球员退休 5 年后也遭遇相同的命运。

而乔丹却在退役以后，不断地学习经营和投资，成了退役运动员中最成功的商人，坐拥 21 亿美金的资产。这也表明，乔丹利用退役以后的实践，发展了他的商业天赋。

除了乔丹以外，德韦克还研究了美国历史上众多天赋惊人的成功人士。最终，她总结出学习领域一条强大的理论：**思维方式决定了学习的成功与否**！这也意味着，学习优秀者和学习落后者之间的差别，并不在于是否渴望学习，而在于他们是否相信自己在努力以后能力、天赋会提高。这种信念决定了他们的学习动力能不能持续。这就是秘密所在！这条理论一出，石破天惊，引发了美国教育界对这一领域的狂热跟进。

## 💡 两种思维模式的对比：哪个更利于孩子成长

**德韦克认为，决定一个个体是否可以持续提高，最大的区别在于两种相对的思维模式：一种叫作固定型思维，而另外一种叫作成长型思维。**

固定型思维说的是我们相信才华与能力在一生当中是固定不变的，也是与生俱来的。所有人努力学习的目的，无非就是揭开自己早已拥有的那些天赋。

这样的孩子最喜欢听别人说："嗯，你真聪明啊！""这孩子能力很强。"他努力的目的是证明自己多有天赋。如果遇到失败和挫折时，他可能会非常沮丧，因为失败可能表明他能力不行或天赋不够。

成长型思维指的是我们相信自己的才能和天赋是可以通过努力不断发展的。具备这种思维模式的孩子，对自己是不是被评价为"很聪明"，不是很在意。他努力的目的是不断成长和超越自己，而不是证明自己多聪明，多有天赋。他脑子里面觉得，任何天赋都是可以被训练的。而当遇到挫折和失败的时候，他反而会被激发斗志：因为这意味着他自己的能力还没有被开发出来。所以，这次失败的经验都可能被用到下一次的尝试当中，这本身就是一次学习的机会。

我们来假设一下，有两个孩子，一个是固定型思维的牛牛，一个是成长型思维的莫莫。他们都参加了一场围棋比赛。第一种情况，牛牛在这场比赛中获得了胜利,他会说:"瞧,我能力很强吧!""看到了吗?我很强大吧?"然后得意扬扬地到处炫耀。但是,他不太乐意去和更多高手过招。因为输了,不就证明自己没天赋了吗!

而莫莫赢了以后,心里却在想:"我的目标是什么?""我还能更强吗?"他会始终把注意力放在自己的不断发展上,而不是证明自己已经拥有什么样的能力。所以,莫莫愿意与更多高手过招,而且他不怕输,也会更加努力地去研究新的围棋战术。这就是为什么我们常说"比你聪明的人,竟然比你还努力"。这里说的"聪明",就是拥有成长型思维。

第二种情况,牛牛和莫莫都在围棋比赛中失败了。牛牛就会想:"唉,我不是学习围棋的料,再努力也没有用,下次我就不参加这样的比赛了。"因此,他会越来越逃避、拒绝、害怕挑战。但莫莫就不一样,他会想:"输了说明我还有提升的空间,找到这次比赛中的弱点补充学习,下一次一定会赛出好成绩。"所以,他面对挫折时会更倾向于找到改进的方法从而发现更好的自己。

抛开围棋比赛,这两个孩子将来在面对新的学习项目时又会表现得怎么样呢?比如,他们将来还可能要学习英文、数学、手工等。拥有固定型思维模式的牛牛,会在尝试新项目的时候,不断地试探,看自己有没有这方面的"天赋"——也就是一开始,能不能做好。如果能做好,就继续。如果做不好,就放弃。

但莫莫在学习新项目的时候,允许自己当下表现得不够好,允许自己失败。但他坚信只要方法与信念存在，他就会不断发展，变得更好。

所以，我们会发现，那些像莫莫一样拥有成长型思维的孩子，几乎什么都学得好，就连体育成绩也不错！

我有一个大学同学老马，学习成绩非常棒，全班第一名，研究生保送中科院。不过，在大学入学做体能测试的时候，他的长跑是全班最后一名。其他人都觉得，人总是有点弱点，学习好、体育差，可以接受！但是，老马却没有觉得自己体育是应该不行的，他把这次的测试成绩牢牢地记在心里。一晃三年过去了，在进入到大四前，我们又要开始一次体育测试。在我即将以第二名的身份冲过终点的时候，惊奇地发现，老马居然加速从我身边呼啸而过，最终取得了全班第二名。事后，我惊讶地跑过去问他："老马，你怎么做到的？"他云淡风轻地说了一句："长跑嘛，没什么难的，学一学、练一练不就提高了吗！"有同学告诉我，这三年老马每月要进行3～4次跑步练习，严寒酷暑都没有间断。多年以后，我才找到了评价老马的准确词汇：成长型思维的人！难怪他是学霸啊。

现在，世界上有很多心理学研究表明：成长型思维可以培养个人对练习和学习更积极的态度，对反馈的热情追求以及处理失败的强大能力。可以说，拥有成长型思维，几乎就是源源不断的学习动力的保证。

## 💡 如何获得成长型思维：成长三角形训练法

德韦克联合心理学家达克沃斯等大量学者，在对成长型思维做出大量研究后得出：思维模式属于人认知方面的一种信念，是可以通过适当的方法训练改善的。

心理学家达克沃斯在西点军校做过大量调查研究。他发现，西点军校所有的优秀毕业生，几乎都具备成长型思维。而正是这种思维方式，帮助了这些人在遇到困难或阻碍的时候，更坚毅地去面对，在不利情境下继续保持坚韧和昂扬的战斗力。相反，那些成绩糟糕或最终失败的学生，则基本是固定型思维的人。

如果孩子现在不具备成长型思维，那该怎么办呢？

比如有的幼儿园小朋友搭积木，突然积木倒了，他就生气地跺脚："我搭不好、搭不好，不搭了。"

还有刚上小学的孩子，数学试卷发下来好多红叉，就哭着对家长说："妈妈，我就是学不好数学！"

对于这些有固定型思维的孩子，是不是可以改变呢？

前面说过心理学家德韦克确认，作为一种信念，成长型思维是可以训练的。而德韦克通过成长型思维训练，也确实顺利帮助了很多这样的孩子调整思维模式，最终实现了学业上的成功。

### 德韦克的训练法

我把德韦克的成长型思维训练法总结为一个"成长三角形",三角形的三个边分别是:信念、反思和一种成就感。

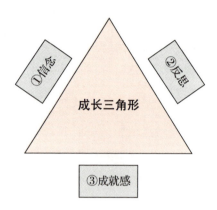

信念:大脑是可以改变的;

反思:你得到了什么;

体验:运用成长型思维的成就感。

### 培养成长型思维的第一句话:大脑是可以改变的。

认知神经科学研究发现,人的大脑是进化史上发展出的最为精密的器官。而大脑的工作原理就是,其中的神经元,也就是神经细胞之间不断地产生新连接。

也就是说,只要学习就会有新连接产生:学习越多、训练越多,大脑相应部位神经元之间的连接就越复杂,我们的思考就会越快!

我举一个生活中常见的例子——学车。

一开始,我们坐在驾驶室里面,可能对开车一无所知,甚至都不知道手脚怎么放。慢慢地,我们就会一步步学着启动车子。很多人在这个时候,嘴里可能还会念叨"1 踩,2 挂,3 打,4 鸣,5 放,6 抬"这样的启动口诀。

但随着练习次数和时间的增加,启动车的时间肯定是逐渐变短的。这就是因为我们在不断练习中,大脑相关部位神经元连接越来越多,使得我们后来可以不费吹灰之力快速启动车子。所以,我们要让孩子知道,每一次学习都是帮助我们大脑在成长。

大脑是可以改变的,年龄较小的孩子可能难以理解,我们最好用比喻或者故事的方式来告诉他。为此我和搭档朱丹老师共同编写了一个绘本故事,名字叫《好饿的神经元宝宝》,情节很像皮克斯动画《头脑特工队》。我们刚写出来就分享给了几百位家长。结果父母在给孩子读完这个绘本以后,很多还不满 3 岁的宝宝都理解了这个道理——我们的头脑是可以改变的。我的女儿自从读了这个故事,每次失败或者受到挫折的时候,眼泪还没有擦干就开始说:"我的神经元宝宝长胖了!"

《好饿的神经元宝宝》核心思想有以下几点:

1. 大脑需要营养也需要休息;
2. 我们休息,能帮助大脑生长;
3. 我们失败的经验,可以促进神经元的成长和连接。

### 培养成长型思维的第二句话：你得到了什么？

在鼓励孩子学习和探索的时候，我们的重点要放在：你的大脑得到了什么？

比如我遇见过的一位省级优秀教师在鼓励孩子的时候，从来不会说"你真聪明"，而是会说"你做到了"。

这种不评价孩子当下的智力水平，而是鼓励对方思考自己的收获、努力及策略的方式，让她所带班级的学生个个充满了对学习的热情和动力。

我们其实也可以这么做。在日常生活中，我们把下面这些话用"你得到了什么"来改编，就可以应用到与孩子的互动当中：

比如，把"你真聪明"改为"你很努力""你找到了更好的学习方法"；

把"你失败了"改为"你的努力还是不够的"，或者"你的方法不对"；

把"这个太难了"改为"你可能需要投入更多时间和精力"；

把"你不擅长这个"改为"你正在学习，还要提高"；

把"你不想做了，想放弃"改为："前面的失败告诉我们，这些方法不行，或许我们可以采用其他方法来做"。

当我们引导孩子用成长型思维来思考成败和看待自己后，逐渐地，孩子内心的信念大厦就能建立。

## 培养成长型思维的第三句话：你是否体验到了成就感？

成长型思维是一种信念，需要日积月累。也就是，我们要鼓励孩子使用这种思维模式，而当他这么思考，取得了哪怕一丁点儿成就的时候，我们都要尽可能地放大他的成功感受，郑重其事地赞扬他。这样可以激发孩子继续使用这种思维模式去面对新的问题。也就是不断地积累孩子关于成长型思维的运用体验。

作家刘墉曾说过："让孩子有成就感，比成绩更重要。"我想他一定是深有体会的：因为他不仅是一位著名的作家，还是一个成功的父亲，并且也是这样培养自己孩子的。刘墉告诉自己的孩子，读书不要苦读，不要为了成绩去读，而是应该带着乐趣去读，通过自己的探索去获得成就感。刘墉还把自己的教子心得写成《有输有赢才是人生》这样脍炙人口的文章。

后来，他的两个孩子也没有辜负他的期望和培养：儿子刘轩是哈佛大学心理学博士，女儿刘倚帆则毕业于哥伦比亚大学。

在托德育儿俱乐部里，有一位妈妈在孩子出生后就一直学习儿童心理学。她不断地用成长型思维引导她的女儿天天在学习和生活中成长。每当天天完成一件事情的时候，她都会赞许地说："妈妈看到你很努力，并且真的做到了！"而当天天失败的时候，她也都会站在孩子身后，鼓励她："还有更好的方法吗？我们一起再尝试下！"

前段时间，她在社群分享了现在刚满7岁的天天参加地区魔方比赛的过程。

之前天天已经参加过一次这个比赛，虽然进入了决赛，但是没有取得好的成绩。她本来想安慰一下孩子，孩子却在比赛后跟她说："妈妈，这次比赛我见到了好多魔方高手。我和他们交流了，发现他们平时的训练方法和练习安排更好一些，我也想要和他们一样。"

在这次比赛以后，她就和天天去拜访了更多厉害的魔方老师，摸索全新的方法，增加了魔方训练的时间。在下半年的地区比赛当中，孩子果然脱颖而出，获得了第二名。

比赛结束后，天天还拉着妈妈一起总结成功的经验，她说："这段时间我采用了新的训练方法，再加上每天的训练时间增加，所以大脑反应更快，手也更灵活了。妈妈，我觉得前一次失败真是太重要了，让我积累了很多经验。"

再接着，天天又定了下一个小目标：去参加省级魔方比赛，要和全省的魔方高手们一决高下。天天妈妈最后在俱乐部的微信群里跟大家说："给孩子心里种下'你可以不断成长'的种子，比告诉她什么大道理都重要！"

当我们有意识地培养孩子的成长型思维，让他运用成长型思维去看待事物时，他的学习就会有所突破。更重要的是，在今后成长的路上，无论是获得成功，还是遭遇失败，他都可以正确、理性地看待，始终坚定地保持进取的心态。

第四章 成长型思维：学习动力持续的保证

## 💡 如何用"表扬"培养成长型思维

写到这里，我想诸位家长都已经了解了成长型思维的训练思路，并且也想要从现在开始就用全新的方法培养孩子了。但是，很多家长一旦操作起来，就不知道从哪里下手了。其实，成长型思维的培养，并不需要一个特定的时间来训练，它存在于我们日常生活的点点滴滴，存在于每一句话中，特别是对孩子行为的反馈。而最简单的方式，就是学会正确表扬孩子。

有段时间有一个名词风靡全社会，叫作"赏识教育"。这种观点宣称，我们要抓住任何可能的机会表扬孩子，哪怕是微不足道的事情。无论发生什么，都要告诉孩子他们是很棒的。这样，他们就会受到激励，变得更加自信和快乐。

比如孩子背出了一首唐诗，我们就表扬他是多么聪明；当孩子画出一幅水彩画，我们就赞美他有艺术天赋："宝贝，你画得太好了，以后可以成为一个大画家。"

但这种方法，能增强孩子的学习动力吗？

在 1990 年，哥伦比亚大学的两位心理学家穆勒和德韦克就对表扬的心理机制进行过一项研究。在实验中，他们请来了 400 多名 10~12 岁来自不同家庭的孩子。他们首先给孩子们做了一个瑞文图形智力测试——就是让孩子们看一排各不相同的形状，然后根据逻辑判断说出接下来的形状会是什么。在孩子们答题结束之后，心理学家进行打分。他们发现，孩子们的成绩都很好，平均正确率达到 80%。但是他们却用不同的方式反馈给不同的孩子。

心理学家把孩子们分成了几个小组，他们非常正式地表扬了第一组的孩子："你们很聪明，一定是因为你们的聪明才能答对这么多题目的。"而对第二组什么也不说，完全保持沉默。

按照赏识教育的说法，这种无条件的赞扬会对孩子的信心和动力产生正面而良性的影响。但实验结果，却让这种理论失望了。

在实验的第二阶段，心理学家准备了两个任务，他们告诉孩子们，"任务 A 是非常困难的，你们不大可能成功，但这个任务具有挑战性，即使是失败了也能从中学到不少东西。而任务 B 是非常容易的，你们很可能成功，但可以从中学习的东西比较少"。

结果发现，被表扬的那一组孩子有 65% 倾向于选择任务 B，也就是更简单的任务，而没有得到表扬的那组孩子只有 45% 选择了简单任务。我们可以看到被表扬很聪明的孩子更倾向于逃避挑战，于是选择容易的任务。

在实验的第三阶段，心理学家让孩子们解答更多的谜题。这一次的谜题难度更大，所以大部分孩子都做得不太好。做完之后，每个孩子都被询问："你喜欢做这些谜题吗？你回去还会不会继续做呢？"结果，两组孩子表现出了戏剧性的差别。得到表扬的那组孩子大多都觉得这些谜题没什么意思，所以回家也不太愿意继续做这种题目，而没被表扬的孩子反而表现出对题目更强的好奇心。这表明，被表扬的孩子，他们的探索动力是更小的。

在实验的最后阶段，心理学家让孩子们做最后一次测试。这次的谜题和第一次一样容易。虽然在第一次的时候，两组孩子的得分是不相上下的，但最后一次测试却发现，被表扬很聪明的那组孩子的得分却远远低于没被表扬的那组孩子。

这就意味着，被表扬的孩子的学习动力比之前降低了。

这个结果真是让那些赏识教育的支持者们大跌眼镜！

那么问题来了，为什么"表扬"不但没有激励孩子，反而让他们失去了探索的兴趣呢？

心理学家穆勒和德韦克认为是这几个因素造成了孩子们如此大的差别：

首先，告诉孩子他们很聪明可能会让他们感觉良好，但这也促使他们更害怕失败，他们担心自己万一没有成功，就会显得很难堪，所以倾向于避免挑战。

此外，告诉孩子他们很聪明就等于暗示他们不需要努力就可以表现得很好。于是孩子就会缺少动力来努力付出，因而更可能失败。

如果他们在接下来的考试中得到了较低的分数，他们的动力甚至可能被完全摧毁，从而产生一种无助的感觉。毕竟，较低的分数就意味着他们配不上之前被表扬的那么聪明。人们都害怕失去之前被社会肯定的荣誉。所以挫折让他们对现实更加无能为力。

穆勒和德韦克的研究还发现了一个有意思的现象，当要求孩子们告诉同学自己在测试中（包括解答那套较难的谜题）得了多少分的时候，被表扬过的孩子几乎有40%撒了谎，而没被表扬过的孩子只有10%撒了谎。

这意味着什么？盲目的表扬并不是建立孩子自信的良药，反而会造成我们常说的"捧杀"！

那么，这是不是说所有的表扬都有害呢？

到目前为止，我只介绍了穆勒和德韦克实验中两组孩子的情况。实际上，还有一组孩子，他们在实验的第一阶段得到了心理学家真实的反馈："你做得很棒，答对了80%，你平时一定很努力地学习才能取得这么好的成绩。"也就是说，这次心理学家表扬的是他们的努力而非天赋。

这组孩子与其他两组孩子的表现很不一样。当他们进入第二阶段的时候，只有10%的孩子选择了容易的任务。和其他两组相比，这组孩子比较喜欢做有挑战性的难题，并且更愿意用额外的时间来继续研究题目。在做最后一套容易的题目时，这些孩子的得分是三组当中最高的。

这个实验明确地告诉了我们，表扬孩子的努力和表扬孩子的能力导致了截然不同的结果。穆勒和德韦克认为，因为努力而受到表扬的孩子会更有动力尝试挑战，因为他们值得骄傲的是态度，而不是现在的结果。所以他们不会考虑将来尝试的结果，因而也不会害怕失败。

## 第四章 成长型思维：学习动力持续的保证

这样的孩子，对学习的渴望超过了对失败的害怕，因此他们更愿意选择挑战性的任务而不是容易的任务。同时，这些孩子更有动力在未来的测试中继续努力，因而更有可能获得成功。即便他们在未来失败了，他们也会很容易将自己的失败归咎于努力不够，而不会丧失自信，产生无助感。

尽管穆勒和德韦克的这项研究是在中学一年级进行的，但其他心理学家在更小的孩子和青少年中也发现了类似的结果。这些研究都证实了不正确的表扬会摧毁孩子的动力，而科学的表扬能帮助孩子做最好的自己，促进孩子建立成长型思维。

将这样的规则放到生活中，我们应该如何做呢？

第一，不要过分强调孩子具有某种天分。比如，孩子在考试中取得了好成绩，不要说"你是最棒的、最聪明的，所以你本来就应该比别人强。"这样的表扬，并不益于孩子的心理健康，反而会暗示他，不努力也会比别人成功，如果有一天遇到了挫折，他就会觉得之前一切都是幻觉，从而开始怀疑人生。在孩子成功的时候，我们应该告诉他，这是你认真努力和辛勤付出的结果，所以要保持这样的好习惯。

第二，要注意，我们所有的表扬都要非常清晰而具体，要明确地让孩子知道，他们到底是哪里做得好！比如说"宝贝你今天起得真早，这么快就独自穿好衣服了，你是怎么做到的？""你的积木搭得很漂亮，你能告诉我为什么要这么搭吗？"这样就比说"宝贝，你真乖，你真聪明"要好得多。具体而清晰的表扬，能指明孩子努力的方向，真正地增强他们的内部动力。

第三，表扬孩子的时候，一定是我们真的觉得他有进步的时候。大量的科学研究表明，对于那些自信心不足的孩子来说，言过其实的表扬，反而会让他们感觉更糟，还不如不表扬。因为每个孩子都是很敏感的，他们知道别人什么时候是在哄他们，什么时候才是真正地欣赏他们。

在孩子做得不好，遇到挫折的时候，我们也不要急着安慰或者批评他，要帮助孩子在挫折中建立信心，表扬他在面对挫折的时候所表现出来的那些闪光点，比如"遇到困难并没有马上放弃""懂得向大人求助"而不是"就知道哭泣"。这些行为，都是父母最佳的表扬时机。

**有助于培养成长型思维的表扬，不是随意而虚伪地增加表扬次数，而是找到真实而独特的角度！**

# Boost your kid's desire to learn

truths about
children's
motivation in learning

第五章

# 如何用奖励
# 保持学习动力

我们通过前四章的内容，已经把激发学习动力的方法体系展示给了大家，包括营造饥饿感、通过目标激励和培养成长型思维。做到以上几个环节的任何一个，都可以说是为孩子对学习感兴趣打下了基础。不过，学习是一个漫长的过程。从狭义层面来说，孩子从幼儿教育开始，到高等教育结束，至少要经历 19 年以上的学习时间。从更加广义的角度上来说，现代学习理念更是把"终身学习"作为对学习生涯的新定义。既然时间如此之长，那也就意味着我们不但需要激发孩子的学习动力，更加要让动力保持下去。不同的事情坚持下去的难度可能会不同。比如说，感兴趣的事情就更有动力保持下去。但即便是有兴趣，时间长了也会有倦怠的时候。这种情况下，我们就要一起讨论另外一个重要板块——学习动力的维持体系，同样也包含了三个部分：奖励、团体动力与学习风格。

本章我们将一起讨论奖励在学习动力激发方面所起到的作用。

一般来说，我们把奖励分成两种：一种叫作物质奖励，一种叫作精神奖励。物质奖励包括了玩具、零食或者去某个地方玩，以及勋章、小红花这样的代币奖励；而精神奖励包括了表扬、称赞、关注、期待等。这都是我们做父母日常生活中常用的激励方法，也会经常把它们用在激励孩子的学习上。方法并不陌生，但要正确使用并不容易。

为了避免有些家长因为忙碌，而未把本章内容看完，我先借用美国临床神经心理学家威廉·斯迪克斯鲁德（William·Stixrud）的话来阐述绝大多数心理学家对奖励的态度：奖励有助于培养孩子的好习惯，也有助于孩子改变行为，实现短期目标。奖励也同时可以让大脑对无聊的任务保持活跃，继而完成枯燥的任务。但是，它更多的功能是让孩子合作，而非激发孩子长久的动力。

所以，奖励对于保持动力来说，是一把双刃剑！

因此，搞清楚奖励的运行机制，并且学会运用它们仍然是非常重要的事情，只有这样才能避免奖励的负面影响。

## 💡 物质奖励的方法与注意事项

### 奖励的目的是什么

从源头来说，奖励和惩罚都来自于行为主义心理学的思想。早期的行为主义心理学家认为奖励能够让观察对象的某种（我们期待的）行为增加，而惩罚能够让这种行为减少。这也就是"胡萝卜加大棒"

法则的来由，也被心理学家称为"外部动机策略"。

而作为家长，使用物质奖励的目的，都是希望孩子能够保持某一种我们希望看到的行为。比如我们希望看到孩子努力学习、热爱劳动、讲究卫生等。其实奖励孩子本身并不创造新的行为，而只能对其行为进行干预。所以，只要开始奖励，就会希望这种行为保持得长一些，我们把目标行为从没有到经常出现称之为"养成习惯"。一旦好行为变成了习惯，就可以达到不用奖励也能保持下去了。而对待学习，很多家长也都是这么期待的。

### 物质奖励的推演

很多人奖励孩子可能不会想太多，奖就奖了。而心理学家则是一群较真的人，他们会反复去研究，用什么样的奖励方式（金钱还是玩具、零食或者其他物品）、什么样的频率（多久奖一次）、什么样的强度（奖多少）、怎么样实施、奖励行为还是奖励结果、奖励的效果会有什么差别。他们会在心理学实验中将这些因素都考虑进去。

### 重要变量：奖励的频率

奖励的频率是影响人们行为的重要武器，也是日常生活中常见的动机调节器。

我们以培养孩子饭后洗碗、打扫卫生的习惯为例，怎样的方法可以让他们养成这种习惯呢？有一部分人马上就会想到，可以命令孩子去洗碗，但是命令与强迫常常会让孩子感觉洗碗是无趣的，甚至厌恶洗碗。一旦父母的权威褪色的时候，孩子洗碗这个行为就无法保持下去了。那就意味着，强迫玩不下去啦。

第二个方案，父母可能会在开始时给孩子一点奖励，比如我小时候我爸妈就采取过这样的办法，每洗一次碗，奖励5毛钱，每扫地一次，奖励2毛钱。那个时候几毛钱对我都是很有吸引力的，因为它的购买力还是很不错的。我就常常为了得到那几毛钱，吃完饭就自动自觉地开始洗碗，而且是带着愉快的心情来完成的。因为我知道攒够了钱就可以买我喜欢的玩具或者零食了。不过，这种奖励方式会出现一个问题，即孩子之所以洗碗，是因为每次都有物质的刺激，一旦他得不到物质奖励了，结果将会是他再也不愿意洗碗了。有一个很著名的故事，讲的就是这种现象：

一群小孩每天都到一块草坪上踢球，吵吵闹闹，让住在旁边的一位老人不堪其扰。一天，老人告诉孩子们，如果明天他们再来踢球，每人会得到1元钱。第二天，孩子们如约而至，玩得很开心，并拿到1元钱。第三天，老人告诉孩子们，只能给5角钱。孩子们有些失望，但还是踢完了球，并领到5角钱。第四天，老人说，今后只能给5分钱了。孩子们不屑地离去，再也不去草坪踢球了。

这种方案无法养成孩子的洗碗习惯，所以不是最佳方案。

第三种方案，并不在孩子每一次洗碗的时候都给予奖励，而是在奖励的次数上均匀地间隔。比如我会在第 1 次、第 4 次、第 7 次、第 10 次……以此类推的这些次数上给孩子物质或金钱的奖励，而中间的第 2 次、第 3 次、第 5 次、第 6 次等都不给予奖励，让孩子对下一次保持期待。这种方式会让孩子的行为保持得更久，并且在没有奖励的时候，继续洗碗，因为他期待下一次的奖品。这确实比第二种方案效果要好，但它也不是最佳方案。因为我们所给的奖励间隔是均匀的，而且是有规律的，一旦孩子掌握了我们奖励的规律，他就会钻空子，在没有奖励的洗碗过程中敷衍了事，有多快洗多快，而只在有奖励的时候，认认真真地完成。所以，这个方案还是不行！

第四种方案，那就是我们对孩子的行为进行不定期的奖励，奖励的次数毫无规律，让孩子也摸不透我们的奖励方案。我们有可能连续两次都给金钱奖励，也可能连续三次都没有任何奖励。这个时候，孩子完全搞不清楚他哪一次洗碗会得到零花钱，唯一的方法就是继续洗碗，期待下一次会有惊喜！当然，我们也可以换一种形式，就是孩子每一次的劳动都可以得到一次随机抽奖的机会。把孩子喜欢的礼物放在其中，让中奖率保持在 25% 左右，也就是让孩子抽 4 次奖就有一次中奖的机会。这种激励被牛津大学学者汤姆·查特菲尔德（Tom Chatfield）称为馅饼概率（Pie Rate），也就是最吸引人的奖励频率。这同样符合最近发展原则，既不太难，又不太容易。我们可以让孩子积累这样的抽奖机会，到一星期的时候，进行集中抽奖。这样，就会比前面几种方法更有意思而且令人期待。

相比其他的奖励方式，这种奖励方案已经有质的提升了。但还有升级的空间，改进的方案是：把奖品也随机化，比如设置4种可能的奖励：5元钱、30分钟任意选择的动画片、一种喜欢吃的食物、一张游乐场入场券。当然，还可以结合更多的非物质奖励比如赞许、亲吻、拥抱、给予更多的自主权力等。通过这些方法，我们就可以让孩子把自己的行为与兴奋、获得感联系起来，也能将这一习惯保持得更久。

## 代币法：完成批量行为的奖励

改变奖励频率的方法固然很好，但上述第四种方案也有问题。首先，它激励的只是单个行为，而生活中并不只是洗碗这个行为需要激励。需要奖励的，可能是5个，甚至是十几个行为。如果要为每个行为设置一个奖励方案，那就太过复杂了，奖励者本身也很容易倦怠。考虑到这一点，心理学家发明了一种奖励的通用货币方式，名字叫代币法。它有很多的变种，接下来我就介绍一种日常生活中可以用到的"筹码系统法"。这种方法可以实现生活中对孩子多种行为的奖励。

大多数家长平时都在使用着非正式也没什么系统的奖励方法。比如孩子做到了家长要求的事情，他们就给孩子一些特权，或者是玩多久的游戏，或者是给多少零花钱。

筹码系统要做的是在父母原有的奖励制度上增加一个程序：把这些特权明确化，让孩子和父母都知道做哪些事可以换什么特权，其运作方式就像社会上流通的货币一样，只是规模较小，也不用纸钞或硬币，就像成人社会的经济结算，孩子需要以良好的学习习惯或表现顺从行为来赚得筹码，然后再用筹码来换取各种奖赏。

其具体操作有三步：第一步，事先约定；第二步，父母一致；第三步，贵在坚持。

第一步，事先约定。讨论为什么要使用筹码，约定用什么东西做筹码，约定筹码代表的特权，以及由谁来掌管筹码等。

父母要向孩子说明筹码系统，同时一起讨论用什么东西来做筹码，棋子、扣子，或是其他耐用、小巧且方便的磁力贴。我建议用有颜色、有图案的筹码，为了简单方便，每个筹码都只代表1点。要注意的是，父母在向孩子说明时要体现出"我们对你在家所做的事情将给予更大的奖励"，而不是"因为你犯了错误，你的特权今天起都要被取消，你必须设法赚回来"。代币只用来奖励，如果用于惩罚会起到相反的效果。

接下来，父母坐下来和孩子一起列出孩子喜欢的特权清单，这张清单至少包含10个以上的特权，15个更好。其中大约有三分之一的特权是孩子每天可以拥有的短程酬赏，只要有一点点筹码就可换得，包括看电视10分钟、打游戏10分钟、骑脚踏车、溜冰、玩家里的特殊玩具、去邻居小朋友家、晚餐后的特别零食等。另外大约三分之一的特权是中程酬赏，需要赚个几天才能换得，包括周末晚点上床睡觉、看难得看到的电影或电视节目、在朋友家里过夜、帮父母做一些喜做的事情如做点心、做手工等。此外，至少还有三分之一的特权应该是孩子非常想要的长程酬赏，如去商店买东西或外出吃饭、玩 VR 游戏、外出旅行、邀朋友来家里聚会等，这些是较贵的特权，孩子要存好几个星期甚至 1 个月的筹码才能达成。

注意：父母不能将生活必需品列入其中，如衣、食、住等，这是父母的责任和义务。

表1 筹码与兑换体系

| 事务 | 筹码 | 活动/奖品 | 价格 |
| --- | --- | --- | --- |
| 做家务：倒垃圾 | 1个 | 吃巧克力 | 2筹码 |
| 按时写作业 | 1个 | 看电视10分钟 | 1筹码 |
| 收拾房间 | 1个 | 电子游戏10分钟（限20分钟） | 2筹码 |
| 参加周末大扫除 | 3个 | 邀请朋友聚会 | 10筹码 |
| 一周作业获得5个A | 3个 | 参加国际游戏展 | 50筹码 |

第二步，父母一致。父母和孩子一起列一张孩子需要完成的学习或家事、责任义务及其他行为，也就是父母希望孩子增加的目标行为。比如独自完成作业；整理自己的房间、倒垃圾、洗碗、拾筷子、收桌子；还有一些固定的责任义务，如穿好上学的衣服、睡前换睡衣、洗澡等。只要孩子过去执行不力的事都可以列上去。父母还可以把一些社交行为也列上去，如不说脏话、不打人、不说谎、不偷懒。

为了减少孩子的某些不良行为，父母必须设定一段时间，时间一到，孩子没做这些不好的行为，就给予奖励。比如孩子很爱在父母说话的时候插嘴，父母可设定只要早餐到午餐之间孩子都没有在自己说话的时候插嘴，就可得到 3 个筹码；如果从午餐到晚餐之间孩子也没有插嘴可再得到 3 个筹码；晚餐到睡觉之间也没有，还可再得 3 个筹码（习惯形成以后，要及时撤销奖励）。

另外，父母还可以设定特赏筹码，当孩子在学习、做家务等方面表现出独立能力或者态度良好时就可以得到，但是父母不可以随便给这些特赏筹码，必须只有在父母能明显看出孩子能够高效完成任务，并且能够享受过程的时候才能给予。

父母要决定前面所列的学习、工作或家务各值多少筹码。一般而言，越难越费力的事给越多的筹码。同时也要给孩子一些筹码兑换限制。大概的原则，是看孩子在一天的例行工作中大概可以得到多少筹码，把这个数目记在心里后再决定每个特权需要几个筹码兑换。如，看 30 分钟动画片需要 2 个筹码，吃 1 个冰激凌需要 4 个筹码。原则是让孩子可以把一天所赚筹码的三分之二用来兑换自己每天都想做的事，留下大约三分之一的筹码可以让孩子存起来，以换取清单上中程及长程的特权。父母可以设定孩子每天最多只能花掉 4 个筹码（假设每天能赚 6 个），当然他也可以选择存起来。

一旦开始实行这个系统后，可以适度地调整使其更恰当。越特别、越贵的特权，孩子就要用越多的筹码来换取。有些父母可能会想把金钱也列为酬赏，让孩子可以用筹码换取金钱。如果这样做，必须限定孩子一周内只能用筹码换多少钱，这样孩子才不会把筹码全部拿来换钱，就像零用钱一样要有一个固定的额度。

父母要特别注意管教孩子方法的一致性。两人都应该使用这套系统，对孩子的合作行为给予立即的奖励。而且每隔一段时间要检查一次特权及工作清单，及时把孩子想要的特权及父母希望的任务加入清单中。假如家中还有其他成员参与管教，比如爷爷奶奶或外公外婆，事先一定要召开家庭会议，确定管教的主要责任人，不能随便朝令夕改或者没有原则地奖励。

第三步，贵在坚持。通常，筹码系统至少要实行两个月才会有作用，如果要正式取消使用，我建议父母告诉孩子将停止筹码系统一二天，并观察孩子的行为，看看孩子平常的表现是不是能够稳定下来，还是差别巨大。如果孩子可以维持好习惯，那么父母就可以继续暂停使用筹码系统。如果问题行为马上出现，意味着代币法所实行的时间不够，或者方法需要调整。

虽然代币制度看起来很容易实行，但我仍然要提醒广大父母：第一，筹码系统只用于奖励孩子好的行为，不要用来处罚孩子。第二，特地在一开始多给一点筹码，这样孩子会比较喜欢参与，所以我们刚开始不能太小气。第三，筹码只有在孩子的行为或事情完成之后再给，不能预支。同时，贵在坚持，要有耐心，大部分的孩子都会对这个系统有相当正向的反应。

此外，筹码系统主要适用于 3~8 岁的孩子，也就是说可以使用到孩子小学三年级。我不鼓励对 3 岁以下的孩子使用这套系统，因为他们对象征性的增强物如筹码、点数、金钱可能还没有概念，而年龄太大的孩子会觉得这种方法有些幼稚。

总体说来，代币法中的筹码系统是个很方便的奖赏制度，是一个有组织、有系统且公平的方法，在不同时间、场合都保有其价值和有效性，既可以避免父母因为情绪而随意改变，更能慢慢地灌输给孩子这样的工作伦理：越努力工作，越能承担责任，就会得到越多奖励。

最后，我要说一句，代币法的退出机制很重要。代币法只适用于行为的短期塑造，如果某个行为长时间依赖代币法的激励，意味着它的习惯养成是失败的。

## 💡 超级奖励并不是激发动力的最佳选择

随着孩子年龄的增长和物质的不断丰富，我们使用物质奖励的效果会逐步地减弱，这导致我们需要更大的刺激，才能吸引到孩子。这个时候，家长可能会无意中使用一个"超级奖励"来激励孩子完成一个比较艰难或者重要的学习目标：一次大幅度的成绩突破或者考上某所重点中学。而"超级奖励"一定是在孩子心目中有着极高价值和重要意义的物品。这个奖励可能是孩子渴望已久的，如果父母答应，也确实会激发起孩子很大的热情和动力。而我自己，就是这种"超级奖励"的亲身体验者。

我在刚进入初中的时候，学习成绩总在 20 多名到 30 多名徘徊

(全班57人),妈妈为了看看我是否还有学习潜力可以激发,决定实施一个"超级大奖计划",而这个大奖是我完全无法抵抗的诱惑——个人电脑。在1995年,对于一个男孩子来说,拥有一台个人电脑几乎算得上是超级梦想。可以用它学习编程、玩游戏,还可以用来看动画片,简直就是拥有了一台"神奇的盒子"。

所以,妈妈在我初二那年使出了"大招",她提出条件:如果我能够在期末考试进入班上的前5名,就为我买一台个人电脑。计划入手奔腾—100型(当时最先进的机型),这样的电脑几乎是一个大人四五个月的工资,相当昂贵。这个计划一提出,激起了我极大的热情和动力。我开始了初中阶段最努力的一段学习生涯,而且妈妈还给我配备了一位梦想助力师——渔舟哥。他当时已经是中南大学大四的高才生,趁着实习的时间比较空闲,来帮我备战初二的期末考试。这位大哥也很有意思,来我家几乎从来不直接帮我辅导功课,而是先让我自己做作业,他在旁边看我的教材。等我差不多做完了,他就开始给我讲故事,根本不像一个家庭教师,倒像是一个说书的。

教材学到哪里,他就讲哪方面的故事。如果今天学了"西方工业革命",他就会跟我讲那时候风云人物的故事:纽科门(Thomas Newcomen)是怎么发明蒸汽机的,瓦特又是通过什么灵感改良了蒸汽机,而富尔顿在这个基础上如何创造了蒸汽轮船……讲到物理的时候,他又会讲阿基米德是如何在洗澡的时候产生灵感,测量出国王的皇冠掺了假的故事。他讲得很有趣,看似对学习没什么用处,但是可以让我整个晚上都带着美好感觉，去完成那些枯燥的作业。甚至在我每次看教材的时候，脑海里都会自动重播那些故事，充满了奇幻色彩。每一个知识点，也像是故事里面的一草一木一样，进入了我的记忆当中，很难忘记。

在妈妈的"大奖诱惑"和渔舟哥"趣味教学法"的双重作用下，我在当年的期末考试中，简直就是有如神助，答题时答案好像是自然从笔尖流淌出来一样，整个过程都很顺利。一场考试下来，我正好进入了全班的前五名，这也是我整个初中生涯的巅峰。在全省最好的中学进入前10%，换算到整体同龄人水平，可以说进入了前1%的行列。不出意料，我也拿到了梦寐以求的个人电脑——奔腾-100，当时为了装配电脑足足等了8个小时，完全可以和现在的苹果产品首发求购相媲美了！

在我后来学习心理学的时候，回想当年的那一次考试，我发现我妈妈导演的激励计划，恰好和北美心理学家维克托·弗鲁姆[8]（Victor H·Vroom）的期望理论相吻合。他认为，动机（Motivation）取决于行动结果的价值评价（Valence）和对应的期望值（Expectancy）的乘积：

**动机 = 价值评价 × 期望值**（M = V × E）

也就是说如果一个人认为自己努力的结果价值越大，并且觉得自己非常需要这样的价值，他的行动力就会越大，效果也会越好。

可以说妈妈的这次行动，几乎完美地验证了这个公式。为什么要说"几乎"呢？

## 第五章　如何用奖励保持学习动力

因为，在不久之后，我的学习遭受了一次断崖式的滑坡。

走上成绩巅峰的我，并没有把这个势头维持多久。在度过了一个拥有个人电脑的愉快的暑假后，我的学习动力迅速减弱。既然梦寐以求的东西已经到手了，也就没有什么动力能够再激发我起早贪黑地去读英语课文和预习新课了。我脑子里面想的总是周末可以好好地玩几个小时的电脑游戏。新学期，我的学习时间已经大大地减少了。虽然心中有隐隐的忧虑，但我还是经常自我安慰：毕竟我还是班上前五名的学生，下次考试再怎么下滑，也能有点底子吧？瘦死的骆驼比马大啊！

不过事实证明，我的估计完全错误。我根本不是骆驼，顶多算是一匹黑马。如果黑马失去了奔跑的动力，在强手如林的群体里，很快就会落后。现实又用它无情的法则给了我一记响亮的耳光。第二学期期末考试，我以滑滑梯的效果跌落到班上的第 35 名。上个学期还有些得意的妈妈，看到我的成绩单时，脸色铁青。那表情好像在说："给你一个大奖是不是害了你啊！"

在我后来学习心理学的时候发现，弗鲁姆的期望理论并不能完美地解释人的动机。另外两位美国心理学家爱德华·劳勒（Edward Lawler）和莱曼·波特（Lyman Porter）就批评了弗鲁姆的理论，认为用物质奖励的方式来激发动力并不是一个最佳的选择。

奖励，应该分成外在奖励和内在奖励。外在奖励满足的是低层次的需求，比如好吃的东西满足食欲、空调满足对温度的需求、玩具满足好奇心和新鲜感。但是外在奖励有一个很大的问题，那就是一旦满足，个人的动力将会迅速降低。想要再次激发动力，必须要有更大的物质刺激才行。这也就可以解释，为什么人在吃饱以后，不会马上研究如何做下一顿饭。而如果一个孩子为了得到玩具而认真写作业，那么一旦他得到了玩具，写作业这件事就很容易被他抛到一边。这也正是为什么我在得到个人电脑以后，学习动力就迅速降低的原因。现在回想起来，妈妈的奖励方案其实可以做一些调整，比如虽然电脑买回了家，但是使用电脑仍然需要执行一套代币系统，要通过锻炼身体、按时睡觉、准时学习来换取使用电脑的代币。就像在网吧上网需要交费一样。但是，通过外部动机来激励一个关键性的事件，始终有着难以维持的风险。

内在奖励和外在奖励不同，它满足的是人的高级需求，比如自我存在的意义、学习本身的乐趣、对自我能力的肯定等。内在奖励的最大特点是，它指向事情本身的乐趣，不需要用外界的刺激来保持就可以自己"发电"。可以说，只有体会到内在奖励的力量，孩子才会成为一个能够自主学习的人。而这件事情，被犹太人完美地解决了。

## 💡 犹太人的奖励方案：观察学习

犹太人在这个世界上，一直是传奇一般的存在，他们以很少的人口数量创造了很多奇迹般的成就。很多人对犹太人最大的印象就是他们很富有，会做生意。石油大王洛克菲勒，脸书（Facebook）创始人扎克伯格，谷歌（Google）创始人拉里·佩奇，英特尔（Intel）创建人格鲁夫，微软（Microsoft）CEO鲍尔默，甲骨文（Oracle）老板埃里森，戴尔（Dell）公司创始人迈克·戴尔都是犹太人。全球最富有的企业家里面，犹太人几乎占了一半。《福布斯》美国富豪榜前40名中，犹太人占18席，而且名次还比较靠前。

不只在商业领域，就是在人文思想与学术研究方面，犹太人的成就也是举世瞩目的。现代物理学之父爱因斯坦，哲学家马克思，进化论创始人达尔文，心理学家弗洛伊德、马斯洛，数学巨人冯·诺依曼也都是犹太人。总之牛人太多，就是用一天时间，也没办法详细列举。你可能会问，犹太人精英是很多，普通人又怎么样呢？以美国为例，犹太学生在常春藤盟校的人数是最多的。哈佛大学迄今为止，仍然有一个不成文的规定——那就是犹太学生在每年新生中的比例不能超过40%，据说是因为犹太学生成绩太优秀才使得哈佛为了教育机会的公平，不得已为之。

之前我们介绍过，人与人的差距并不能仅仅用基因、天赋来解释。倒是犹太人的教育方法，才是值得我们研究和思考的重点。前面我们谈了很多奖励的方法和诀窍，而在犹太人的社会系统里面，却有着另外一种奖励模式——不给外部奖励，让孩子体会事物本身的乐趣。而能够让孩子在没有任何奖励的情况下，爱上一件事情的秘诀叫作"观察学习"。有"认知理论之父"称号的美国心理学家班杜拉（Albert

Bandura）通过实验，发现了孩子学习方式的一个重要秘密。那就是，虽然直接奖励孩子能够让他去做一些我们希望他做的事情，但是他做事情的动力更多来自于他对身边重要他人（父母、好朋友、兄弟姐妹）的观察和模仿。

比如，阿毅看到隔壁的好朋友小明读书很用功，而且每次考试拿到好成绩以后都会受到父母的表扬和邻居们的赞赏。这个时候，阿毅就会开始尝试着也努力读书，因为他也希望像小明一样被赞赏、被鼓励。同样，如果他看到小明很会打架，而且每次打赢之后都能获得小伙伴的拥戴，并且可以抢到很多战利品，他同样会产生对小明行为的模仿。人们看到别人做什么事情，获得的奖励越大，去模仿他们的动力就越大。这种现象被称之为"观察学习"。

"观察学习"是对我们内心通过权衡之后的一个奖励，这个奖励虽然是间接的，但是力量非常强大。NBA 球星科比·布莱恩特为什么会如此狂热地热爱篮球？因为他从小就看到了"魔术师"约翰逊和迈克尔·乔丹在球场上的精彩表现，并且发现他们因此获得了巨大的社会荣誉与奖赏。所以对篮球的观察学习成了科比唯一的精神寄托。这也是为什么科比能成为 NBA 伟大球星的重要原因之一。了解了观察学习，我们就知道为什么孟母要三迁住所，为什么靠近重点大学的楼盘都特别贵了。因为在知识分子周围，孩子会观察到学者们研究学问时的风范和快乐；在音乐家旁边，孩子会观察到音乐大师们投入演奏时的激情与优雅，这就是环境对人的塑造作用。

对于这一点,我自己也有深刻的感受。在我小时候,因为妈妈的职业关系——校车队的司机,她认识了大学里面大多数的教授、老师,她也特别乐意把我介绍给这些人认识。渐渐地,我的身边也出现了更多的读书人——材料学的博士、化学系的研究员、文学院的教授……在这样的环境中,我慢慢觉得学习就跟吃饭、睡觉一样自然。后来,即便再也没有像买一台电脑那样的物质奖励,我还是渐渐地爱上了学习。我上大学以后,一个偶然的机会,我翻开了家里书架上那两本妈妈曾经看过的书——《塔木德》和《犹太人经营哲学》,里面就记录了犹太人培养孩子学习能力的秘诀——观察学习。

在观察学习方面,犹太人做得非常到位。整个犹太人社会都营造了一种热爱知识的氛围。犹太人会将蜂蜜滴到书本上,在孩子刚刚懂事的时候,让孩子去尝一尝上面的蜂蜜,以此来产生"知识是甜蜜的"印象。在这个民族,教师和学者拥有极高的声望,而对于一个犹太家庭来说,最荣耀的事就是家庭中拥有一名博士或者教授,也最愿意把自己的女儿嫁给大学教授。可以说,犹太人用全社会给孩子树立了一个最好的观察学习榜样,这样做使他们成了很多领域都富有成就的民族。

犹太人告诉我们,激励孩子并不用那么麻烦,重要的是造就一个"大家爱学习""全民尊重知识"的生态环境,把孩子放进去,孩子自然会受到激励,而父母要做的事情就很少了。

观察学习是一个强大的教育工具,如果我们善用它,就可以轻松实现对孩子的培养与激励。我们想让孩子成为什么样的人，就把他放到什么环境里面去。想让他爱思考，我们就要平时多和他一起想点子、玩智力游戏；想让他爱音乐，我们就要让家里充满音乐的氛围；想让他成为运动员，我们就必须让他待在一群爱运动的人身边；想让他爱读书，我们也必须常常读书，并且表现出读书很快乐的样子。

当然，观察学习的对象也很重要，选择不良的对象就会产生反面的效果，这也是"孟母三迁"的意义所在。我记得在20世纪90年代的时候，有一部黑帮题材的电影风靡全国。很多校园里掀起了一股模仿电影人物的风潮。这在无形中打开了青少年"观察学习"的按钮，一时间出现了很多的校园"小霸王"，弄得警察和校园保安在那一段时间都很紧张。所以，一方面应适当净化孩子"观察学习"的环境，让孩子"近朱者赤"，另一方面也要帮助孩子建立对外界干扰的免疫力。

## 💡 奖励的终点：无须奖励

前面我们花了很大的篇幅谈论奖励如何促进孩子的行动，并且更高效地达成目标。但无论奖励有多好，在它的远处始终还漂浮着一朵"乌云"：孩子的行动到底是为了奖励还是事物本身的乐趣。我觉得，这正是家长需要关注的一个问题。

我是一名乒乓球爱好者，也非常喜欢观看国际性的乒乓球赛事。这些年，我发现一个有意思的现象——国外有很多非常著名的乒乓球选手，比如瓦尔德内尔、佩尔森、波尔，他们的职业生涯都很长，40多岁了还征战在奥运会、世锦赛的赛场上，即便他们自己也清楚很难战胜那些年轻选手了，当然他们也不是因为生活所迫而打球。能够解释这种行为的理由也许只有一个——他们真的喜爱这件事情。这种喜爱，已经无须太多的额外奖赏作为回报了。这种内在的奖赏，才是最高级的奖赏，这才是我们在学习中渴望的"皇冠上的明珠"。那些创造卓越成就的人，大多数在长期的努力过程中是得不到任何外在奖赏的！如果我们每个人都期待那些及时、高频率、在眼前的奖励，我想曹雪芹也写不出《红楼梦》，爱因斯坦也悟不到"相对论"，屠呦呦也根本发现不了青蒿素。

那些需要奖励、渴望肯定才有工作动力的人，常常并不具备独立完整的人格。他们努力学习是为了老师的表扬、父母的赞赏，进入大学，老师不再表扬成绩好的学生，他们就不再那么爱学习。现在生活中充满了各种奖励和刺激，一旦我们需要依赖这样的刺激而快乐，那么下一次的快乐必定会需要更大的刺激来生成。直到我们找不到更大的刺激来让自己快乐，就会感到生活无趣，甚至否定生命的意义。现在流行的"正念疗法"会让人们用10分钟去吃一颗葡萄干，为的是帮助他们体会到生命中小事情本身的乐趣，唤醒他们已经被遗忘的快乐感受力。

所以，我想告诉大家的是，所有的奖励都是为了小心翼翼地点燃起孩子对某件事情的好奇心（特别是年幼的孩子），而一旦好奇心被激发，奖励要想方设法地退出，绝不担任主角地位。我们用来引发孩子持续学习的新奖赏，可能就会是这件事本身。当孩子认真地练习了1个小时钢琴，我们的奖赏不需要是给他买什么玩具或者好吃的，而是明天他还可以继续练习钢琴。我们需要保持一颗好奇心，去感受孩子学习这件事情本身的变化，并且真诚地提出自己的感受，特别是欣赏。当孩子把外部奖赏转化为自我奖赏的那一天，我们就真的可以站在他身后微笑地看他成长了。**因为世界对于能够自我奖赏的人，就是一座乐园，而他学习的目的和乐趣也就是学习本身。**

Boost your kid's
desire to learn
truths about
children's
motivation in learning

第六章

# 为什么大家一起学更快乐

虽然，我经历了那么多年的学校教育，每个阶段都拥有很多的同学。但在很长一段时间里，我都会感觉学习是自己一个人的事情。一个人、几支笔、一个本子、几本书就可以进行下去，而同学只是正好同时在学习的一群人，除了运动会的时候，很难感到大家是一个学习的团队。评分、排名让大家充满了竞争，误以为世界只有一个班那么大，我们的对手都坐在这个教室里。于是，这种学习让我们失去了一个非常宝贵的学习动力引擎——社交动力。

1938年，哈佛大学开展了一个史上周期最长的成人发展研究项目。他们想要研究在一生当中，决定一个人幸福的因素到底是什么。研究持续了76年，在此期间，他们跟踪记录了724位男性，从少年到老年，年复一年地询问和记载他们的工作、生活和健康状况等，这个项目至今还在继续中。

在76年的时间里，这些孩子长大成人，进入到社会各个阶层，成

第六章　为什么大家一起学更快乐

了工人、律师、医生……也经历了很多风雨,有人成了酒鬼,有人患了精神分裂,有人从社会最底层一路青云直上,也有人恰相反,掉落云端。这些人里包括四位美国参议院议员,一位内阁成员,还有一位后来成了美国总统——对,没错,其中哈佛的那一组被试中有一位就是大名鼎鼎的约翰·肯尼迪。这七十几年来,几十万页的访谈资料与医疗记录,得出了什么结论呢?

让我们感到幸福的并不是金钱、名望,或者成就感,而是良好的社会关系,它能让我们过得开心、幸福。独立记者、《世界上最幸福的地方》的作者埃里克·韦纳说(Eric Weiner):"我们的幸福完全和其他人交织在一起。家人、朋友、邻居……幸福既不是名词,也不是动词,而是一个连词,是结缔组织。"在我们的基因里面,就埋藏着一种和人建立良好、稳定关系的渴望,这种渴望能够促进我们把一件事情做得更好,也更能享受其中的快乐。

知道了这一点我们才可以理解,为什么孩子和同学在网吧联机打游戏时,那种充满喧嚣、喊叫、欢笑的场面如此强烈地吸引着他们。同在一个篮球队,共同上场拼搏的经历,会让每一个队员、教练甚至工作人员难以忘怀。因为和他人在一起,完成一个共同的任务,对于团队成员来说,就是一种高级的奖励。每个人都非常渴望进入到和朋友充满互动、交流的情境当中。而这样的一个心理规律,被各种游戏完美地运用。现在的大量游戏都推出了组队模式,可以是2人组、3人组、5 人组甚至更多人的组合。但现在的教育系统中，这个心理规律却几乎被遗忘。学生按照座位也被分成了若干小组，每个小组安排有小组长。但这样的小组，成员之间鲜有学习上的合作与交流，小组长基本上成了"收作业专员"，组员之间难以获得真实互动，更不要说通过学习产生有价值的社交。有人说"感情是一起玩出来的"，意思是，只有在一起玩才是高质量的社交，如果一起学习就会相互孤立。但这句话其实是有问题的，因为学习也可以非常高效地满足社交需求。

## 💡 难忘的学习小组：组团学习的乐趣

我人生中最艰难的一次考试，要数研究生资格考试。当时，全日制研究生的录取率约为 25%，心理学专业因为文理科都能考，竞争异常激烈。而考研的准备周期又是相当漫长的，几乎从头一年的 5 月一直要准备到第二年的 1 月，跨越 7~8 个月的时间。我居住的城市长沙，夏天特别炎热，冬天又特别寒冷，更加为这场考试增添了不小的障碍。另外，我在备考的过程中，发现了一个很严峻的现实——如果一个人单打独斗，很难坚持下去，时常因为枯燥和疲劳想要放弃。结果，因为难以集中精力复习，有大量的知识漏洞，第一次考研最终铩羽而归。但我不甘心就此停止学习自己最感兴趣的专业，第二年 5 月我再次开启了备考之旅。这一次，我决定改变策略，开始招募考研互助小组，在学校的 BBS（论坛）上发出了招募消息。结果一下子就有 8

名考研的同仁主动应征,并且还意外地找到了失散多年的发小,最终我们建立起了一支9个人的考研小分队。在炎炎夏日,因为自习教室没有空调,大家相互帮忙,在清晨6点的时候,就占领了教室中风扇下的所有位置,确保一天的自习时光不要太热。每次我们的成员都会心有灵犀地多买一些早餐,如果有伙伴认真到废寝忘食,就可以"投喂"一下,增进友谊。在每天超过10小时的自习过程中,每过1~2个小时,就会有人相约出去透透气、聊聊天,去看看足球场的球赛,回来继续投入到专注的复习当中。大家既会比较谁学习最疯狂,又会一起畅谈对未来的理想。一整天的时间,在小组互动中感觉很快就过去了。

因为考研当中大家的公共科目都是一样的,所以,我们经常会以相互出题的方式考察别人的知识点复习得怎样。如果一个人几天都不来自习室,也会收到小组成员的短信、电话轰炸。接近考试的时候,长沙会变得异常寒冷。学习一天下来,双脚经常会失去知觉。于是,我经常约上小分队的伙伴,进行爬楼取暖。从教学楼的第一层,一直爬到19层,反复几次,等到身体暖和之后,就可以重新专注地复习了。在我们的小组中,虽说大家考的专业不同,目标学校各异,但这种相互支持、共同努力的团队氛围支持着每一个人在这个异常艰苦的准备过程中,更有希望和动力继续下去。

考试前一周,还发生了一件意料之外的事情。9人小组里面的一名成员阿华,突然胃痛不止、口吐鲜血、倒地不起,当时情况十分危急。

结果在我们小组里面，大家迅速地开始分工：有人负责打急救电话，有人去银行取钱以备医疗之需，有人跟着救护车护送他到医院，有人夜里守候，还有人送饭送衣服。考研小分队迅速变成了护理小分队，让突发胃出血的伙伴阿华在第一时间得到了救治，也刚好在5天后出院，顺利赶上了研究生入学考试。就是在这样的一个小组中，我们9个人在当年的考试中都被录取了，成功率100%，也算是创造了组队考试的一个奇迹。

## 可以利用的三种团体动力

传统教育的问题在于，它无视每个孩子学习过程当中的一个巨大资源——团体学习动力，而通过个人成绩比较、排名，让孩子们成了一个个的竞争个体。这就像是一个效率很低的蒸汽机在推动着火车往前走，但是大部分的热能并没有转化为动能。如果能够用合理的方法把人与人之间的相互影响和团体动力应用到学习过程中，以几十名学生为单位的班级才会真正变成一个学习型团体。

### 社会助长动力

在面对艰难而繁重的学习任务时，为什么大多数人在家里学习都感觉很难持续，需要找一个自习室或者是咖啡馆才能集中注意力呢？这种现象叫作社会助长作用，也可以称为社会促进现象。它说的是当他人在场或与他人一起活动时，个体行为效率有提高的倾向。美国心理学家奥尔波特（Gordon W. Allport）认为，社会助长有一些明显的效果：

1. 多数人在一起，增强了个人被他人评价的意识，从而提高了个人的兴奋水平；
2. 与他人一起活动，增加了相互模仿的机会和竞争的动机；
3. 减少了单调的感觉和由于孤独造成的心理疲劳。

奥尔波特的观点其实很好理解，一个人在家里学习，感觉累了就可以往床上一躺，看看漫画、打打游戏，时间一会儿就过去了。但是和大家一起，总感觉大家在看着自己。而且会产生一种"其他人都很认真，难道我做不到吗"的自我反问。一起学习的时候，有这么多人努力做同一件事情，那种感觉很棒，"我不是一个人在战斗"。即便你并不是这个团体当中的成员，这种在人群中学习的情境，也已经可以影响到你的学习动力了。这也是为什么在各地出现了付费自习室，还有一些可以让小学生在线组队做作业的智能学习机。

### 圈子动力

我曾经在和一位国内知名音乐人聊天的时候，谈到这样一个问题：为什么在音乐圈里光靠高薪不能挖走一个顶级的音乐制作人或音乐家？背后的原因是，整个音乐产业需要很多的配套环节，一首卓越的电影配乐需要很多音乐人的合作，包括作品、编曲、演奏、演唱、音效、美术等环节，而要保证作品的高质量，就必须每一个环节的人都具备相当的技能水平。一旦某个音乐人离开了这个高质量的合作圈子，哪怕他个人能力再高，和三流的音乐人合作，也无法完成高质量的作品。所以，绝大多数的顶级音乐人都不会轻易走出自己的圈子。

而对于学习来说，一个圈子会让每一个成员获得巨大的身份认同感，并且在圈子的成员互动中获得大量有价值的学习信息。即便是当前的学科体系，我们也可以按照学科优势将学生组成不同的圈子，如数学圈、物理圈、英语圈……甚至可以做更细致的圈子划分，以确保孩子们有更多的选择，比如物理还可以细分为力学圈、光学圈、热学圈和电学圈。孩子可以在不同的圈子里面流动，获得不同圈子的信息和动力。这也就是现在互联网上的流行概念——破圈。

### 情感动力

对于一个学习者来说，情感相较其他的因素算是最深入、影响最深远的动力。如果能够加以利用，将对学习产生翻天覆地的影响。情感动力包括了友情因素和爱情因素。我在组织学生们进行心理团体辅导时，经常会有两三个孩子主动要求被分在一组，并且对我说他们是不能分开的。如果家长们喜欢看篮球，也会发现，NBA联盟中，经常会有球员为了跟随某位教练或者某位队友，放弃更好的薪金条件，毅然加入恩师或者好兄弟的球队。"篮球之神"迈克尔·乔丹在1998年宣布退役的一大原因就是，芝加哥公牛队不准备再雇佣菲尔·杰克逊作为主教练，而乔丹曾经说过："我的教练只能是菲尔·杰克逊，要不然我就会退役。"现役的篮球巨星勒布朗·詹姆斯曾经辗转多个球队，而他曾经的队友有很多也是跟随着他去到不同的球队，继续成为场上场下的伙伴。而我们确实也发现，在情感因素的促进下，成员在团队中的动力和成绩也会相应提高。因此只要我们改变了团队当中的某一位意见领袖，和他感情好的成员，也会同样跟着改变。

另一种情感动力是爱情因素，它其实有着更加特殊的作用。曾经大多数的学校和老师是反对孩子们产生"爱情"的，一旦发现便要采取各种手段扼杀在摇篮当中。他们的假设是：谈恋爱会分散孩子的精力，影响他们的学习。但在我的观察当中，这种"爱慕之情"如果引导恰当，不但不会成为学习的阻碍，反而会促进孩子学习、奋斗。

就像经典动画片《灌篮高手》里面的樱木花道，虽然进入篮球队的时候几乎是零基础，但在教练和队友的帮助下，短短四个月时间就成了一名相当有实力、让人惊喜的队员。而他进步的动力，绝大部分来自于希望自己的暗恋对象赤木晴子多给自己一点关注，也希望有更多的时间能够看到晴子。在我读高中的班级，也曾经有一个关于学习的爱情故事被传为佳话。

阿哲是班上成绩顶尖的男生，他在高二喜欢上了成绩排在倒数10名的阿琴，阿哲经常约她放学一起回家。阿琴对阿哲也有一定的好感，于是两人就越走越近。班主任陈老师发现了，有些担心阿哲会因为恋情影响到学习，毕竟还有一年就要高考了。但是，老师没有急于干预，而是暗中观察这段感情到底会向什么方向发展。结果老师发现，阿哲因为想更多地和阿琴接触，放学一起回家已经不能满足他的需求了，于是阿哲决定帮助阿琴补习功课。他们两人商量以后，选择都在学校寄宿，这样就可以在教室里一起上晚自习。每天有一半的时间，他们各自学习，到了自习课后半段人少的时候，他们会到教室后面小声讨论，一般都是阿哲为阿琴讲解题目。而这样的生活模式坚持了一年的时间，直到高考。

高考成绩发榜的那一天，阿哲依然成绩稳定，以全班第 3 名考上了南京大学。而阿琴出乎意料地考到了全班的第 10 名，同样上了一所 211 重点学校。要知道阿琴在一年前，还是一名三本都没有希望的"后进生"，在阿哲一年的帮助下，她前进了几乎 40 个名次，一跃成了优等生。班主任陈老师在毕业聚会的时候还调侃地说："我决定以后多在班上发展几对这样的恋爱组合，这样我的工作就轻松多了！"

## 💡 如何鉴别促进学习动力的团体

虽然，组队学习确实能实现成员的共同进步，但并不是所有人凑在一起都会形成正面的效果，有时甚至还可能形成互相干扰，比如不想学习的人会让想学习的人分心并且放弃学习。曾经我见过两名学习落后的小学生相约去其中一人的家里一起写作业，结果是两个人的作业都没有做，反而在家里打了一晚上的电子游戏。这也许就是家长们最担心的状况。

所以，一个有效的学习小组，需要满足一定的条件，即有共同的目标、明确的规则和一定的优劣比例。

## 共同的目标

学习小组最基本的共同目标就是学习，当然可以是广义的学习。拥有这样共同目标的最常见的一群人就是自习者。你可能会发现一个有意思的现象，那就是中小学生上自习课如果没有老师监督，很可能会乱成一锅粥，说话的、打闹的学生干扰着那些想学习的学生。而在大学的自习室当中，很少会出现这种状况，一般不需要监督，大家也都能专注地各自学习。这并不完全因为大学生自制力更好，关键在于大学的自习是自己选择的，也就是说不想学习的人根本就不会来自习室。而小学、中学的自习是被要求的，一个班总会有一些学生至少当时不想做作业。这个时候，这个学习团体就很难形成。

所以，组队学习的最基本要求就是——每一个成员，都是在非外界要求的情况下主动想要学习的。有很多学校曾经试验过建立学习帮扶小组，让学习优秀的学生和后进生组队，希望后进生能够受优等生的影响。但大部分的尝试都以失败告终，原因就是如果后进生本身并没有把学习作为自己的目标，小组的动力就基本不存在了。

如果把目标细分，学习小组还会有更多不同的形式：如考试小组、比赛小组、兴趣研究小组。每一种小组的运作方式都有各自的特点。考试小组更多的功能是促进成员完成相同的学习内容并顺利通过考试，这种团体动力促使每一个人一直坚持和努力；比赛小组大多存在分工和角色，更加偏重成员在团队中的配合与交流；兴趣研究小组注重的则是每个人的点子和创造性。

### 明确的规则

每一个学习小组都应该有明确的规则，即便是最松散的学习团体——自习室，也有着不成文的规则：自愿学习、保持安静、哪些地方不能占座、有明确的开门和关门时间。如果小组的成员没有达到某种标准，比如超过5次不参加小组共同学习、研讨，他们将会被要求退出小组。明确的规则有助于减少小组成员之间的沟通成本，从而把更多的精力放在完成目标上。规则也将成为小组是否能持续下去的重要条件。可以说，学习型小组可以没有固定的组长或领袖，但必须要有固定的规则。这些规则，最好由成员自己拟定，老师和家长可以提出参考意见。

### 一定的优劣比例

另外一个决定组队学习成败的因素是小组成员的优劣比例。注意，我们这里说的"优劣"，并不是指学习成绩、技能水平的高低。比如一个英语学习小组，我们并不把口语流利、语法熟练的成员自然认为是优秀的，把发音不标准、语法错误多的成员认为是落后的，这里的"优劣"指的是学习的欲望。我们时常能够看到一些学习态度认真、过程努力，但是学习成绩不够好的孩子。这样的孩子，在组队时应该算做"合格队员"，因为他们会激发团队更有达成目标的愿望。

而对一些学习落后的孩子，学习小组并非不能实现帮助的功能。只是首先我们需要确定，这些落后的成员是否还存在一定的学习愿望。如果他仍有上进心，只是因为没有养成良好的学习习惯，比如不容易专注、学习方法落后、对自己的信心不足，这都是有可能在小组中被团体改变的。所以这样的孩子，可以作为 X 成员加入小组。实际上，这样的孩子比那些学习态度认真却成绩不佳的孩子更有潜力。他们也更容易在习惯纠正后，获得突破。

要注意，这种 X 成员和其他成员在团体中的比例应该不大于 1:5，也就是一个 6 人的小组，最多拥有一名 X 成员。如果 X 成员过多，学习小组中的氛围和团体动力，将会很难控制，这也是很多学校建立学习帮扶计划失败的原因之一。

## 如何让孩子避免不良的团体动力

虽然我刚才讲了很多在团体当中成员获得学习进步的例子，但是，不可否认，孩子也有可能会进入到一个不良的团队当中。这种情况下，即便孩子是热爱学习的好学生，团体的其他成员也有可能把他当成异类，从而把孩子往另外一个方向拉。这是父母非常担心的状况。"孟母三迁"的典故告诉我们孟子就是因为在一个良好的氛围当中，才成长为一代大儒的。

不过，我认为这个问题并不必过于焦虑。对于孩子来说，最重要的学习团体还是自己的家庭，也就是说如果家庭的学习氛围好，就可以给孩子提供一个具备压倒性优势的环境。其中，既包含了社会助长动力、圈子动力，更包含了情感动力。比如，我家就建立了一个英文学习圈和游戏圈，成员是我和我的女儿。而且，我会选择一些纯英文的游戏和女儿在 PS4（Play Station 4）上一起玩，很多时候我们在玩的过程中就把一些单词学会了。一个在家庭中喜欢学习的孩子，会天然与不爱学习的伙伴保持一种距离，而容易被那些善于思考、有学习动力的孩子吸引。所以如果孩子因为外貌、游戏等原因喜欢上了一个不爱学习的伙伴，我们尽量不要强行干预，可以保持开放的心态和孩子交流，问问他与这样的朋友交往的感受，并且鼓励孩子用自己的方式影响对方。

另外，如果孩子在交往中受挫，也会自行选择是否要继续这样的伙伴关系。托德育儿俱乐部就有一位妈妈告诉我，她的女儿原本觉得和人交朋友不应该只看成绩，即便是和学习不好的孩子也可以成为好朋友。所以她的女儿有一个要好的朋友叫阿曼，不太爱学习，但是两个孩子感情不错。这位妈妈没有干预她们的交往，只是经常会和女儿聊到她与阿曼交朋友的具体感受。女儿因为从小受家庭影响，本身爱学习，所以学习成绩不断进步，从中等生变成了优等生。这个时候，阿曼感受到了很大的压力,感觉她们两人的差距越来越大,渐渐地不愿意和女儿经常在一起玩了。当这位妈妈再次和女儿聊到她们的交往时,女儿这样感叹:"虽然,我依然真诚地和她交朋友,但好像追求不同,真的会让我们相互远离。"妈妈问:"你准备怎么做呢?"女儿说:"因为我没有办法改变她,所以我要继续做我的事情啦!"从此,女儿进入新的朋友圈。

其实,想要避免孩子进入不良的团体,最关键的事情,就是要建立良好的亲子关系和通畅的亲子沟通渠道。那些进入不良团体的孩子,很多都是在家庭中感受不到温暖,从而需要寻求他人认同和肯定的人。而保持理解、尊重和延迟行动的父母,更容易获得孩子的信任和青睐,也更有助于帮孩子避免不良团体的影响。

Boost your kid's
desire to learn
truths about
children's
motivation in learning

第七章

学习风格：
找到孩子的动力特点

有很多家长问过我,"为什么我的孩子集中注意力的时间比别人短""为什么我的孩子开始学习的时候,总是磨磨蹭蹭,需要很长的准备时间""为什么我的孩子总是喜欢对一些问题钻牛角尖,陷在里面出不来呢"……这些孩子,其实都有可能是动力满满、爱学习的人,只不过他们在学习过程中的表现却有着很大的差距。这就像是小说《哈利·波特》里面,霍格沃茨城堡所有的魔法师都分别隶属于四大学院,但每一个学院学习的魔法风格又是不一样的。葛莱芬多对应的是火元素,代表着勇气、气势、胆量和骑士气概;赫奇帕奇对应的是土元素,代表着努力、耐心、正义和忠诚;拉文克劳对应的是风元素,代表着智慧、创造力、学习和领悟性;斯莱特林对应水元素,代表着野心勃勃、精明、领导才能和老谋深算。每一个孩子在学习的过程中,也会天然地属于某一个"魔法学院",并且展示出有自己特色的"学习魔法"。这个特点,我们称之为学习风格。

## 第七章　学习风格：找到孩子的动力特点

托德育儿俱乐部有一个妈妈，听过一位名人的故事：这位了不起的人为了训练自己的专注力，特意到闹市去读书。通过这种方法，他的自控力与专注力得到了极大的提高，因为他学会了闹中取静。于是这位妈妈也想用这种方法来训练自己的儿子斌斌，她在房间里打开电视机，在斌斌学习的时候故意和他爸爸在一旁聊天，还告诉斌斌："你学你的，爸妈聊爸妈的，你不用关注我们。"希望通过这样的环境让孩子的学习自控力得到提高。但是，几天后，妈妈却惊讶地发现，斌斌的注意力不但没有变好，反而越来越容易分心，学习效率大大下降。她有点困惑，也有点生气，来到咨询室问我："为什么别人可以做到的事，斌斌却无法做到呢？是不是闹中取静还需要天赋啊？我家孩子是天赋不够吗？"我告诉斌斌妈妈："并不是天赋的问题，而是你不了解孩子的学习风格。"

很多家长都会有这样的行为，喜欢去了解那些成功人士的成长故事，想要知道别人家孩子是如何学习的，然后把他们的方法复制一下，希望自家孩子也能够学会。可后来发现，很多教育方法根本无法复制，甚至还会起到反作用。有的妈妈甚至绝望地对我说："照着别人的方法养孩子，越养越糟糕，这到底是怎么回事啊？"

这让我想起了我和搭档朱丹教授在与父母直播互动中的情景。因为朱丹的女儿学习很优秀，又非常自主，所以很多人问她："您是如何辅导孩子学习的呢？"每次她都会静静地回答："不辅导！"听到她的回应，大部分家长都会感到难以置信，甚至还会以为她想要对自己培养女儿的方法保密。但据我所知，这真的就是事实！她的女儿已经拥有足够强大的自律性，根本用不着妈妈额外的辅导。但是，我每次都会在旁边补充："这样的方式，我不建议大家直接模仿。如果没有掌握自己孩子的学习风格，没有在早期自律性培养上下足功夫，是无法做到不辅导的。"所以，每一个孩子都是有独特风格的人，我们需要根据他们的特点因材施教。而学习风格就是我们在因材施教中需要考虑的最重要因素。

## 💡 什么是学习风格

　　大多数人都有自己独特的认识事物、理解事物和处理信息的模式。学习风格指的就是符合个人特点的，能够使个人达到最佳学习状态的方法。不同的孩子表现出不同的学习风格。我们只有了解自家孩子的学习风格，才能更好地辅助孩子学习。心理学家建议老师和家长都应该评估孩子的学习风格，并且给他们制定适合的学习方案。

　　比如我们邻居家就有着几个学习风格完全不同的孩子。阿俊擅长看，他能快速浏览信息，容易看懂图和表，所以如果妈妈边指着书本边给他讲，他会接受得更好；而维维擅长听，他通过听故事而不是阅读能学得更快，所以爸爸经常用聊天的方式指导维维，同时维维的语言能力也很强。另外一个小朋友橙子与他们又不同，橙子一不擅长看，二不擅长听，他擅长做。他在动手操作的时候学得最快，同时节奏感好，运动能力强。

阿俊、维维与橙子就分别属于三种不同的学习风格，阿俊是视觉型的，维维是听觉型的，橙子是动觉型的。以上三个孩子的学习风格，就是按照VARK学习风格理论来分类的。

## 💡 VARK 学习风格理论

由教育心理学家尼尔·弗莱明（Neil Fleming）于1987年设计的VARK量表，是教育心理学界最受欢迎的量表之一。VARK量表将学习风格一共分为四种：视觉学习者（Visual，图片、电影、图表）、听觉学习者（Auditory，音乐、讨论、演讲）、阅读和写作学习者（Reading，阅读教材、做笔记、列清单）以及动觉学习者（Kinesthetic，运动、实验、动手练习）。它可以帮学生、家长和老师轻松地了解自己的学习偏好。

想象一下，你正在学习如何掌握一项新的技能，例如骑自行车或跳某种风格的舞蹈。你将以哪种方式更好地学习这项技能？

1. 观看表演者的分解图片或视频；
2. 听专家老师讲解；
3. 通过阅读相关的书籍学习；
4. 需要观看别人的演示，然后边看边模仿。

### 视觉学习者

视觉学习者喜欢通过观察来学习。图表、插图、讲义和视频之类的内容都是对他们最有价值的学习工具。他们的缺点是,接受听觉指导的能力差,如果没有图片、视频材料,他们会感觉无所适从。

父母可以让孩子通过下面的自测题来判断他是否为视觉学习者。

自测题:如果你认为孩子可能是视觉学习者,请回答以下问题。

- 是否需要看到信息才能记住它?
- 是否密切注意他人的肢体语言?
- 艺术、美感和美学对孩子来说重要吗?
- 在脑海中将信息可视化可以帮助孩子更好地记住它吗?

如果以上选项里面有3~4项回答"是",那孩子很有可能是视觉学习者。

### 听觉学习者

听觉学习者可以通过听取信息进行高效学习。他们倾向于从讲座、音频当中获益,并且善于记住老师所讲的内容。他们的缺点是看文字材料较慢,进行阅读理解时处于劣势。

父母可以让孩子通过下面的自测题来判断他是否为听觉学习者。

自测题:如果你认为孩子可能是听觉学习者,请回答以下问题。

■ 喜欢听老师讲课而不是阅读教科书吗？

■ 大声朗读有助于孩子更好地记住信息吗？

■ 如果错过了某一节课，更愿意听课堂录音而不是看笔记吗？

■ 尝试过把要记忆的内容编成歌唱出来吗？

如果以上选项里面有3~4项回答"是"，那孩子很有可能是听觉学习者。

### 阅读和写作学习者

阅读和写作学习者更喜欢通过书写、笔记等文本形式来显示信息。他们的学习习惯基于文字材料，做什么都喜欢先看看书。

父母可以让孩子通过下面的自测题来判断他是否为阅读和写作学习者。

自测题：如果你认为孩子可能是阅读和写作学习者，请回答以下问题。

■ 是否认为读书是获取新信息的好方法？

■ 在上课和阅读教科书时，会记很多笔记吗？

■ 喜欢制作列表、阅读定义并撰写文稿吗？

■ 当老师使用PPT或讲义讲解知识时，孩子喜欢这种方式吗？

如果以上选项里面有 3~4 项回答"是",那孩子很有可能是阅读和写作学习者。

## 动觉学习者

动觉学习者习惯通过触摸和操作来学习,对他们来说,动手操作的经验很重要。他们的弱点可能是视觉、听觉的信息渠道较弱。

父母可以让孩子通过下面的自测题来判断他是否为动觉学习者。

自测题:如果你认为孩子可能是动觉学习者,请回答以下问题。

- 喜欢直接动手操作对象或材料吗?
- 很难长时间坐着不动吗?
- 是否擅长绘画、烹饪、机械、木工和运动等活动?
- 是否必须通过练习和操作才能学习?

如果以上选项里面有 3~4 项回答"是",那孩子很有可能是动觉学习者。

根据孩子不同的学习风格,我们就可以使用不同的学习材料来"喂养"他们。就像牛吃草、老虎吃肉、熊猫吃竹子一样,孩子使用自己喜欢的学习材料,更容易保持学习动力,产生驾轻就熟的感觉。如果孩子是视觉学习者,视频学习 APP、图画书、彩页科普画、图解类丛书和杂志会是他们喜欢的学习材料;如果他们是听觉学习者,家长最好能够经常和他们一起朗读相关的学习内容,并且把要记住的内容

## 第七章 学习风格：找到孩子的动力特点

通过音频或者自己录音放给孩子听，还可以把学习的内容编成歌谣，就像 ABCD 歌以及日语 50 音歌谣一样。

阅读和写作学习者，在我们现行的考试制度下是有优势的。他们上课喜欢做笔记，教材读起来也算轻松。越是缺乏多媒体教学条件的地区，这样的孩子越能发挥自己的独特优点。基本上给他们提供感兴趣的书本，他们就满足了。而属于动觉学习风格的孩子，恰好相反。他们要理解一个概念，最好的方式就是去亲身体验，用身体去感知。比如在学习重量概念的时候，有一个经典的问题：一斤棉花和一斤铁，到底哪个重？动觉型的孩子就会特别想要亲自动手做实验，看看到底谁重！而阅读和写作型的孩子，更倾向于在草稿纸上演示得出结论。

到这里，我们回忆一下本章刚开始那个"闹中取静"的例子，哪种孩子最有可能在闹市忽略声音干扰，仍然专注地看书呢？听觉型孩子是最不可能的，而动觉型孩子对文字也不敏感，只有视觉型和阅读写作型的孩子可能完成这一项挑战。如果看的是纯文字书，那就只有阅读写作型的孩子最能胜任了。而对于每天的家庭作业，阅读和写作型孩子也有着天然的优势，他们对这样的活动本来就很擅长，所以他们也更可能成为不需要辅导的人。当然，切换到需要运动配合的活动，他们又可能成为暂时的落后者。

读到这里，你还认为那些学霸的学习方法是可以模仿的吗？

## 💡 认知风格对学习的影响

除了学习风格能够显著地影响孩子的学习动力之外,认知风格也同样影响着孩子的学习过程。

认知风格有三个不同的维度,都分别反映了一种显著的学习特质。它们分别是:

1. 冲动型—沉思型;
2. 场独立型—场依存型;
3. 同时性—继时性。

### 冲动型—沉思型

冲动型和沉思型反映了孩子反应速度的差别。

阿力和阿俊是非常不一样的孩子。阿力是冲动型,妈妈每次向他提问,他都脱口而出,马上回答。比如,妈妈问他:"阿力,你觉得小鸟和小鸡的区别是什么?"阿力就会脱口而出:"小鸟小些,小鸡大些。"可以发现,阿力反应快但缺深思。而阿俊每次面对提问,反应比阿力慢多了,但他思考很缜密。同样的问题,阿俊会思考很久,慢慢告诉妈妈:"小鸟和小鸡都有羽毛和翅膀,但小鸟可以飞,小鸡不能飞。小鸟的飞行技能比小鸡强,有可能因为小鸟比小鸡更轻,所以能飞起来。"可见，阿力的学习风格就是冲动型的，而阿俊是沉思型。

所以，阿力学习新知识很快，反应敏捷，同时做作业也快。阿俊的法宝是"不容易出错"，他应对迟缓，理解也偏慢，同时做作业书写也慢，但他能做得不错。

冲动型的孩子往往会给人聪明的感觉，而沉思型的孩子可能会让大家觉得悟性不强。但如果我们知道这两类孩子的区别，就会明白，这两种认知风格各有千秋，与孩子的智力水平关系并不大。

对这两种不同认知风格的孩子，我们还可以采取针对性的训练方法，帮助他们弥补自己身上的缺点，从而发挥出更大的学习优势。

对于冲动型的孩子，可以采用的训练方法有：不断让他们学习新知识，吸引他们的学习兴趣。但是，在做练习的时候，训练他们"放慢"的技能。阿力妈妈使用的方法就是经常和阿力玩"慢慢说"游戏。以比平时更慢的说话速度，和阿力比赛看谁能在不间断的情况下缓慢地说话。另外，妈妈经常陪阿力一遍一遍地慢慢阅读，指着书上的文字，一个字、一个字地读清楚。这样把阿力的速度放缓，帮助阿力在学习上更能沉浸下去进行思考与分析。这样一来，阿力平时的速度是快的，但在需要慢的时候，也能慢下来。

而阿俊的妈妈，经常鼓励孩子深思熟虑，把阿俊的精彩思考结果记下来，让他坚信，他的慢很有价值。同时，妈妈也训练阿俊一分钟即兴说话、三分钟讲出事物的用途，以更好地帮助他集中精力，加快思考速度。此外，妈妈还鼓励阿俊多和老师、同学交流、辩论，给阿俊一定的提速压力。这样一来，虽然平时阿俊依然是慢的，但他也能快起来。

### 场独立型—场依存型

认知风格的另外一个维度，叫作场独立型—场依存型。什么是"场"呢？心理学家指的就是"心"以外的环境。美国心理学家赫尔曼·威特金（Herman·Witkin）发现，有些人感受外界环境时更多地受到他所接收的环境信息的影响，也就是受外界暗示性很强，这种人称为场依存型；而另外一些人则会较多地受到身体内部线索的影响，更多地依赖"内部参照"，不容易受到外来因素的影响和干扰，可以独立对事物做出判断，这种人称为场独立型。

小学生阿强就属于场独立型认知风格，他总是有自己独特的见解，不太容易受他人的影响与外界的干扰。而他的同桌妞妞就是完全相反的认知风格，她很容易受到外界影响，老师和家长的评价对于妞妞来说非常重要，她属于场依存型认知风格。

阿强平时的表现是内心坚定，偏爱数学、科学，如果阿强有一个想法，老师和家长想反对，通常的结果是反对无效。而妞妞最在意的就是老师和家长的评价。她更喜欢文学，更愿意与人交往。学习的时候，她经常问妈妈的看法，特别在意别人的批评。如果反馈不好，妞妞就心灰意冷，充满了挫败感。

## 第七章 学习风格：找到孩子的动力特点

心理学家发现，两种类型的学习者，在学习的偏好和动力的保持上，有着明显的不同。场依存型的孩子，喜欢学习材料里面包含与人际关系、社会互动相关的内容，比如《红楼梦》里面复杂的人物关系和性格特点、科学家背后的传奇故事等。而场独立型的孩子，在学习材料不足的情况下，反应能力、学习能力要比场依存型的孩子强。比如，老师在讲解物理学中的"左手定则"时，在缺乏图示、视频或者实验的情况下，很可能场独立型的孩子理解得更快。他们喜欢抽象的、理论化的学习材料，而不喜欢学习具体的知识，他们的概括能力和理解能力要比场依存型的孩子高。

另外，场独立型的孩子，学习动力通常以内在动机为主，对学习材料本身感兴趣；而场依存型的孩子更依赖外部反馈，当受到批评或打击时，学习成绩容易下降。这也意味着，他们对一个老师的喜爱程度，更容易影响他们的学习成绩。当然，这也可以成为一种优势，如果遇到好的老师，他们比场独立型的孩子，更容易受到鼓舞和激励。

我自己曾经就是一名场依存型的孩子。我从小学升到初中，进入了一所全省的重点中学。一入学我就发现班里强手如林，我小学原来的成绩好像和他们的差距很大。第一次月考，班上57人，我排名第41。我感觉自己就像第一次进入世界杯的中国足球队，在亚洲原有的那些优势，在更大的舞台上荡然无存，自己和别人的水平根本不是一个量级的。班上那些领先的同学，看起来是那么不可战胜，我和他们的距离像是有一个东非大裂谷那么宽。面对这样的差距，我开始有些消沉了。

但恰巧这个时候，有一个人出现了——她就是我的班主任兼英文老师，Miss Chen。在我第三次英语测试仍然只有 60 分的情况下，她把我叫到了办公室，和我进行了一番特别对话。而这一番对话，让我这个新晋学渣的生活发生了转机。（补充一个背景：当时在读初中的我们，主要愿望只有一个，那就是考上本校的高中。据说能考上本校的高中，一只脚基本就跨入了大学之门。所以，这个升学考试的竞争也是异常残酷的，从历年的数据来看，平均每个班只有 10 个人左右能够顺利升入本校高中。所以，在当时那种环境下，班上的 10 个种子选手，就是老师心里最看重的人，会得到更多的期待和关注。而这一次办公室对话，就是在这种背景下发生的。）

**Miss Chen**：我觉得你不应该只是这样的！

**我**：老师，我在小学没学过英文。

**Miss Chen**：我知道，但这有什么问题吗？

**我**：我感觉和别人差距好大……

**Miss Chen**：我觉得这不是理所应当的，我再说一遍，你不应该只是这个样子的。

**我**：……

## 第七章　学习风格：找到孩子的动力特点

接着，我们两个人什么都没说，安静了5分钟。突然，Miss Chen从自己的抽屉里面拿出了一张班上的花名册。57个名字中，有10个左右用红笔标识了出来。Miss Chen当着我的面，指着花名册一个一个地把名字念了出来，我发现这些人都是现在班上学习成绩顶尖的同学，至少我当时觉得他们的水平简直不可思议。而难以置信的是，我的名字竟然也在其中，放在这些人中间显得不太协调。

**Miss Chen：** 你知道这些名字是什么意思吗？

**我：** 不知道……

**Miss Chen：** 这是我对我们班未来能够考上本校高中的预测名单。我认为你应该在这个名单里面，而不是现在这个样子。

她用一种很笃定的口气对我说，好像从来就没有一点怀疑。我的眼泪一下子就流了下来！既然老师都相信我有潜力，那我就试试吧！我开始投入大量的学习时间，争取向老师的期待和预测靠近。至少在我努力的时候，脑海中不会出现"再怎么努力都是没用的"这种负面联想了。

三年的初中生涯，虽然中途起起伏伏，但经过一场残酷的淘汰考试，我最终如愿以偿拿到了本校高中的录取通知书。暑假去学校的时候，一进教室就碰上了Miss Chen。我记得我只是喊了一声"Miss Chen"，然后我们相视一笑。她的眼神好像在说："我说过，你在这个名单里吧！"

直到多年后，我在攻读心理学学位时，看到了场依存型学习者的概念，突然哈哈大笑，幸亏我是这一类孩子。如果我是场独立型的孩子，陈老师的期待是不是就不会有那么大的效果了呢？还有一个疑问没有解开，Miss Chen 到底对多少人使用了这一招呢？

### 同时性—继时性

认知风格的第三个维度就是同时性和继时性。心理学家达斯等人，在对脑功能进行研究时发现，人们在对信息进行加工的时候会出现两种不同的风格：同时性认知风格和继时性认知风格。

同时性认知风格的特点是，在解决问题时，采取宽视野的方式，同时考虑多种假设，并兼顾到解决问题的各种可能性。同时性认知风格者可以做到多任务处理、一心多用。而继时性认知风格的特点是，在解决问题时，能一步一步地分析问题，每一个步骤只考虑一种假设或一种属性，提出的假设在时间上有明显的前后顺序。简单地说就是：一次只能做一件事。

当然，这两种认知风格完全没有优劣之分，只是认知方式不同。

我有两个非常要好的朋友，阿毅和阿湘，他们就是一个属于典型的同时性认知风格，另一个属于典型的继时性认知风格。阿毅每次分析问题的时候，都能够兼顾到各种可能的因素，包括机会、风险、成本收益等。他每次开车的时候，喜欢同时戴着耳机给别人打电话，有时候还边开车边操作手机。当然，这种行为我是坚决反对的，只是他的能力可以轻松地做到分配注意力资源。他的工作模式也是这样，喜欢同时开展多个项目，相互之间的时间、精力分配也比较合理。

阿湘则完全做不到阿毅的这些"操作"，她在看手机信息的时候，几乎完全无法听另外一个人说话。所以，她最常说的一句话就是："麻烦等一等，我需要处理好手头上的这件事情，才能跟你说话。"她开车的时候，不喜欢同时听音频节目，交通情况一复杂，她甚至都不允许身边的人说话。

最有意思的是，她玩游戏"植物大战僵尸"这个游戏时，看到有多个僵尸在不同的道路向植物走过去的时候，她都会感到很紧张，甚至会要求别人来帮她玩，感觉有点注意力资源不够的样子。但实际上，她却是一个精力高度集中的人。她可以为了一个任务坐在书桌前4个小时一动不动，效率极高。她参加过4次国家级的录取率都低于10%的资格考试。她每次准备的时间基本不超过2周，在短时间内废寝忘食。但结果是，在如此激烈的考试中，她每次都以前3名的成绩被录取，成功率100%。很多参加考试5年都没有考上的朋友，很奇怪她是怎么做到的。其实，一个极致的继时性认知风格学习者是可以完成这样的任务的。

很多时候，家长希望通过一些极其简单的方法来完成对不同孩子的教育。比如：不要三心二意，一次只做一件事；考试要从容易的题做起……这些其实都是不科学的。所有的定律、法则，如果不考虑孩子的独特性，基本上没有意义。光从我们刚才讲到的学习风格和认知风格来看，就可能存在 $4 \times 2 \times 2 \times 2 = 32$ 种不同的学习和认知风格。

表2　VARK 学习风格与认知风格（冲动-沉思）交互产生的学习者类型

|  | 视觉型 | 听觉型 | 读写型 | 动觉型 |
| --- | --- | --- | --- | --- |
| 冲动型 | 冲动-视觉型 | 冲动-听觉型 | 冲动-读写型 | 冲动-动觉型 |
| 沉思型 | 沉思-视觉型 | 沉思-听觉型 | 沉思-读写型 | 沉思-动觉型 |

不同孩子所表现出来的爱学习的行为也是各有差异的，有的孩子"爱学习"就会积极主动地学，家长会看见他们经常在读书、问问题；而有的孩子虽然"爱学习"，却看起来慢吞吞的，甚至有些懒散，一章书看半天都没看完。但这样的孩子，依然是在很积极地思考，并且可能产生让我们意想不到的学习成果。

## 💡 学习风格对于提升学习动力的启示

对学习风格、认知风格的了解，其实让我们更加感觉到一个孩子的成长是受到非常多的复杂因素影响的。而我们之前很多的认知可能都是错的！看到这里，有的父母也许会非常焦虑："有这么多我不知道的，这么多要学习的，怎么办啊？我究竟能把孩子教育好吗？"

我要告诉你："能！如果你能把一盆绿萝养好，你就能养好孩子。"心理学家艾莉森·高普尼克教授（Alison Gopnik）就有一个精妙的比喻，他说："育儿要像园丁，而不要像木匠。"孩子是有生命的，用木匠思维精准把握孩子的每一个行为，培养出来的只可能是木头人；而园丁培育出来的是有生命力的植物。园丁只需要确保把植物种在土壤中，提供合理的光照，定期浇浇水、除除虫就可以了。不同种类的植物，会在这样的环境中自由生长，并且长成不同的样子。

育儿更是如此，父母要做的只是尊重孩子的成长规律，适当引导，偶尔帮助，更多的时候允许孩子自己生长。过多的控制，只会变成家长一厢情愿的破坏行为。

最后，在引导孩子学习方面，为大家总结几个小原则：

1. 关于学习，不要比较；
2. 关于学习，不要着急；
3. 关于学习，先要向孩子学习。

Boost your kid's
desire to learn

truths about
children's
motivation in learning

第八章

## 自主学习：
## 父母应该扮演什么角色

教育不是灌满一桶水，而是点燃一把火。

——叶芝（爱尔兰诗人）

## 💡 做一名园丁，而不是木匠

我时常在和父母的互动中提这样一个问题："你觉得家庭教育与孩子的学习有什么关系？"很多家长会回答："家庭教育承担着管理孩子学习的一部分责任""良好的教育让孩子的学习变得更好""家庭教育要让孩子学会学习"等。虽然这些答案都有一定的道理，但是也都有一个隐藏的想法——"我要使得他……"。这意味着，家长在家庭教育中扮演着"控制者"的角色。一旦"控制者"出现，孩子的"自主性"就会退出。这就是为什么很多父母抱着美好的"让孩子进步"的想法，获得的结果却是让他们讨厌学习。

# 第八章　自主学习：父母应该扮演什么角色

**教育的一部分目的是让孩子爱上学习，而不是讨厌学习。**记住这一点，作为父母的角色定位就不会偏差到哪里去。如何才能产生"爱"呢？我在前面用七章的篇幅讲了很多的具体方法，包括营造饥饿感、制定目标、培养成长型思维、奖励、利用团体动力和了解学习风格。而现在，我需要告诉大家这些方法应该被什么样的父母来使用。我想为大家描述一下，能够点燃孩子学习热情之火的家长是什么样子的。我非常赞同心理学家艾莉森·高普尼克的比喻：父母做园丁，而不是木匠。为了将这种概念更突出地呈现给大家，我们暂且把能够激发孩子学习动力的父母称为"园丁型教练"。

## 成为园丁型教练，让孩子爱上学习

早在两千年前，苏格拉底就说过，我们都有内在的、自然的学习能力，实际上它可能会被后天的指导所破坏。而在历史上，有很长一段时间，教育权威大都认为"人好比一个可以被灌注任何东西的空容器"。我们也曾经听说过"孩子就是一张白纸"的说法。后来，这样的说法被实践证明是错误的。

提倡儿童心灵是容器、白纸的美国行为主义心理学家约翰·华生说过："给我一打健康的儿童，如果在由我所控制的环境中培养他们，不论他们前辈的才能、爱好、倾向、能力、职业和种族情况如何，我保证将其中任何一个人训练成我所选定的任何一种专家——医生、律师、艺术家、富商,甚至乞丐和盗贼。"他大肆宣扬这种思想,也用这一套思想来教育自己的孩子。但后来人们发现,用这套思想养育出来的孩子,成年之后很多都出现了心理问题。

就拿华生本人来说,大儿子雷纳在他的行为主义理论的教育下,出现了严重的精神问题,多次自杀,并在三十多岁时自杀身亡。女儿玛丽在成年后,同样患有严重的心理疾病,多次自杀。小儿子离家出走,常年流浪。而这种悲剧甚至延续到了第三代,华生的外孙女玛丽特酒精成瘾,心理异常,多次自杀。最终世界主流的教育思想,也摈弃了早期行为主义心理学家的教养方式。

哈佛大学教育学家蒂莫西·高威就强调:"人的心理模型更像是橡树的种子,每一颗都蕴藏着成长为参天大树的潜质。我们需要吸取营养、雨露和阳光,那棵橡树的本质特征早就在我们的体内。"如果是这样,孩子的学习动力、学习能力,其中也早就蕴藏在他们的体内,并不需要家长像木匠一样将其雕刻出来。聪明的园丁在栽种树苗的时候,会展开幼嫩的主根,使其朝下垂直于土壤,并在根茎末梢系上一小块金属棒。这样做就是给幼苗创造了一个容易吸收水分和接收阳光的适宜环境。园丁型教练的本质是将孩子的潜能释放出来,帮助他们达到更好的状态,授人以渔,而不是授人以鱼。

## 园丁型教练不会做的事情

### 1. 他们不会亲自给孩子授课补习

我相信,有很多父母自己还保留着中小学的知识底子,在很长一段时间内自己的能力是可以帮助孩子辅导功课的,特别是那些自己本身就是教师的家长。但是,主动给孩子辅导功课,说明父母没有正确摆好自己在孩子学习中的位置。就像曾经是运动员的主教练,看到球队落后了,忍不住脱下教练服自己上场打球一样。家长的辅导做得越好,孩子越容易产生依赖。即便是上课不认真,没有听懂,也会自然地认为,这些事情都可以在回家以后通过父母辅导来完成。从学习资源运用上,这是低效的。即便父母曾经就是学霸,也一定要忍住显示自己才华的欲望,做一名更加"无知"的家长,我们的"无知"换来的是孩子主动求知的态度。

### 2. 他们不会经常使用命令

很多父母可能会把命令经常挂在嘴边。这可能也是因为他们自己小时候就是被这样管教的。他们小时候见到其他的大人一定要打招呼,做不到就会被命令,或者被冠以"不懂礼貌"的标签;即便不饿,到时间他们也会被命令马上吃饭,甚至会被几个人同时劝诫;即便是作业多到真的做不完,他们也可能会被命令"不做完不准睡觉"。命令会让父母觉得高效，而且感觉孩子尽在掌控。

但是发号施令会让孩子感到沮丧并且失去动力，而且对于不可反驳的命令，他们不敢提出异议，因为即便是提出了也不会被听到。所以，孩子对于命令的应对措施通常就是当面一套，背后一套。我曾经认识一位很强势的教师妈妈，她对女儿几乎都是铁腕式的发号施令管理。什么时候写作业，写什么都安排得非常"妥当"。但我却发现，她女儿的抽屉里随时都藏着一本漫画书，只要妈妈不在，她就会偷偷拿出来看。一听到有脚步声，就会迅速地扔进抽屉，动作之熟练，令人咋舌。结果，身为数学老师的女儿，对数学毫无兴趣，成绩也非常平庸。可以说，发号施令的家长根本就没有实现她们想要的控制，完全在自欺欺人。

### 3. 他们不会只是说服孩子

很多家长会使用一种虚假的民主来和孩子交流，表面是讨论，实际是说服。

家长：今天要出去吃饭，要不要穿妈妈给你买的新衣服啊？

孩子：不要，我喜欢穿那件黄色的。

家长：宝贝，那一件已经很旧了。今天可有很多新朋友要认识的。

答案是家长已经预设好的，但是说出来的形式可能是"要不要""好不好""行不行"。这其实只是一种变相的命令。

### 4. 他们不会放任孩子

很多父母认为"放养"就是把所有的决定权都交给孩子,做到彻底的放手。具体表现为:"一切都是你自己的事情,你要完全对自己负责。"这样放弃作为家长的责任,同样是很危险的。比如,在对孩子进行性教育的时候,有的家长会告诉孩子,你身体的有些部分是绝对不能让别人碰的,如果碰了你要学会反击和保护自己。这种做法就是一种危险的行为。毕竟孩子尚且年幼,不具备保护自己的能力。所以,家长把保护的责任交给孩子自己,当他们被侵犯而因为力量弱小无法自我保护的时候,就会形成强烈的无助感,从而自暴自弃。更好的方法应该是让孩子在有可能受到侵犯或者已经受到侵犯的情况下,知道如何向值得信任的人求助,并且妥善解决此事。

所以,园丁型教练仍然责任重大,依然是孩子的领路人和守护者。

园丁型教练的角色,介于管理者和执行者之间。他们知道孩子需要做哪些事情,但绝不会包办代替,也不会明确地告诉孩子要如何做,最多提供一些比较具体的参考和示范。他们与孩子之间的关系没有对抗,而是相互支持。我们用一个场景来体现这种关系:

莉莉下周马上要参加升学考试了,但是妈妈接到了老师的电话,说莉莉在学校每天都无精打采,还时常在课堂上睡觉,希望家长给孩子做做工作,紧张起来,更好地迎接考试。莉莉回到家后,妈妈仔细询问了莉莉在学校的情况。莉莉只是说,自己感觉很疲惫,特别是上晚自习时，特别想睡觉。以下是妈妈两种不同的回应：

【回应1】

"马上就要升学考试了，这决定了你未来的人生，再困也要坚持下来！妈妈每天给你准备两罐红牛，过了这段时间就好了！"

【回应2】

"我接到老师的电话了，说你在学校很困。我理解老师，希望教室的学习氛围更好。不过，我觉得一个太疲惫的孩子，也是没办法正常发挥的。你先去休息，妈妈研究一下方案。"接着，妈妈打电话给了熟悉的心理专家，咨询应考的方案。获得专家建议并且和孩子讨论以后，妈妈到学校与班主任商量，取消孩子考前的晚自习，回家自由安排复习时间。

相比之下，第二种回应会让孩子感受到深深的理解与巨大的支持。

我们让孩子自主的界限在哪里呢？很简单，当孩子需要在生活中做决定时，我们不应该左右那些他们有能力做出的决定，而在他们面对能力尚且不足以应付的事情时，我们要给予足够的支持和帮助。

## 园丁型教练的六大核心能力

孩子自主又充满学习动力，是绝大多数父母期望看到的状态。想要获得这样的状态，父母需要具备以下六项核心的培育能力。这六项能力可以分成两大类：第一类是意识，是思维方式。它要求我们在观察到孩子的行为以后，用特定的思维方式进行分析，包括觉察力、生态意识和平等意识。

第二类是能力，是行动力。它指导我们在孩子遇到困难时，做出正确的回应。包括以自主为目的的参与、遇到问题和孩子站在一起、暗示而非明示。

### 意识1：觉察力

如果说成为能够激发孩子学习动力的家长，必须具备一种核心能力，那一定是觉察力。觉察力意味着在观察和感受孩子行为、情绪的过程中，保持高度敏感并且做出回应的能力。比如，看到孩子痛哭，我们的反应不是让他马上停下来，而是先思考是什么原因让他如此伤心：是受到了委屈，还是他在用哭的方式获取父母的关注；孩子对我们撒谎了，我们的第一反应不是愤怒和斥责，而是反思是什么原因让他需要通过隐瞒、欺骗的方式来达到目的：是我们的惩罚太严厉，还是他的好奇心没有得到满足……可以说，觉察力就是保持对行为背后原因的好奇与持续探索。这种觉察力，经常会成为解决真实问题的关键。

蜜蜜的中考成绩不错，可以选择市重点中学就读。但是，出乎父母的意料，蜜蜜竟然希望去一所排名靠后、学习风气不佳的普通中学。

父母都不是特别理解，询问原因，孩子只是说这所学校离家近一点，更方便。父母这时候并没有强行要求蜜蜜必须选择更好的学校，而是去思考蜜蜜做出这个选择的原因。通过梳理人际关系，父母发现蜜蜜在小学时期一直喜欢的一名帅气男生，会去那所普通中学就读。而蜜蜜正处于青春期，难免会因为爱慕之情影响自己的选择。后来妈妈和女儿谈心，发现她选择普通中学确实有很大的原因是喜欢那位男生。父母研究以后决定，允许蜜蜜和那位男生保持通信往来，并且也不阻止孩子在假期的正常交往。结果，这种非压制的策略，反而打消了女儿担心见不到那位心仪男生的顾虑。从而，放心选择了更优质的中学就读。

觉察力是一种意识，更是一种能力，而这种能力是完全可以提高的。提高觉察力的方法有很多，父母平时可以不带评判地多观察孩子，或者经常拍一些孩子活动的小视频，观察他们的行为习惯。按照具体步骤来说，我们可以抓住以下几个关键点：

1. 觉察力需要我们在看到一个现象时，延缓自动反应，而增加一个思考过程；
2. 觉察力也需要我们观察自己的情绪，是因为孩子故意对抗还是由于自己给他的压力导致的；
3. 觉察力还需要考虑孩子是在什么样的环境、背景下做出这样的行为。

第八章　自主学习：父母应该扮演什么角色

### 意识2：生态意识

生态意识和我们说的园丁型教练是吻合的概念。生态的对立面是机器或人为加工，机器的构成逻辑是，必须有外力把机器的每一个零件制作出来，并且按照设计图纸精确地安装到预定的位置。然后，需要有人给予能源和相应的材料，机器才能发挥作用。即便是自动化程度再高的机器，仍然是由人来控制的。所以，机器的诞生、升级、迭代，原动力都是它的制造者和使用者。这和我们之前提到的"木匠思维"如出一辙。而生态意味着其中每一个成员都有着自我成长、自我更新以及相互作用的能力。虽然，他们也会受到外界的影响，但这种影响的结果，和机器的世界完全不一样。生态的世界有着极强的自主性和变化性，并且个体会自然地适应环境。它更符合老子所提出的"无为而治"的理念。如果人为强行干预，往往会产生意想不到的结果。

澳大利亚的贺伦岛是一个珊瑚岛，位于昆士兰州南部，几乎在南回归线上。这个岛是世界上著名的绿海龟的产卵地。每年11月初至12月末，人们在岛上都能看到绿海龟的产卵过程。而在次年的1月就会看到无数小海龟回归大海的盛大而壮烈的生命之旅。

雌海龟把蛋产在海滩的沙子下面，经过8~9周的孵化后，小海龟破壳而出，回归大海。在回归大海的道路上，小海龟会遇到不少天敌。

但是物竞天择的生存智慧教给了小海龟们一些方法。

一次，在海滩上游玩的几个人看见几只小海龟从沙窝里拱出来蹒跚地爬向大海。这时，有几只海鸟向小海龟俯冲而来。好心的游人见情况不妙便赶走了海鸟，这几只小海龟也顺利地回归了大海。然而，正是这个看似救助小海龟的举动把大批的小海龟送入了死亡的深渊。

这如同一个信号弹，在同一时间成千上万只小海龟在沙滩上共同行动，浩浩荡荡地奔向大海，回归家园。因为它们得到了信号，前面的几只侦察员顺利地投入了大海的怀抱而没有受到天敌——海鸟的袭击，由此判断，回归的路是安全的。

然而，当大批海龟出现在沙滩上时，大量的海鸟也伺机而动。霎时，这片海滩成了屠杀的战场和海鸟享受美味佳肴的盛宴。小海龟一个个被海鸟啄食。那几个游人显然对这场动物之间的屠杀束手无策。因为他们无法也无力阻止成千上万的海鸟享用成千上万的小海龟。于是，人类对自然的干预和想当然的帮助变成了小海龟的一场灾难。

孩子求知这件事，与小海龟爬向大海是非常类似的。很多父母只是从自己的认知出发，想要帮助家里那只爬向知识海洋的"小海龟"更加迅速地到达目的地。不惜破坏自然规律，给他们指明各种捷径，结果反而是孩子失去了独立面对新世界的能力。这也就是为什么早在一个世纪之前，儿童教育家蒙台梭利向世界呼喊："教育应该以儿童为中心，儿童是成人之父！"所以，父母更大的责任是为孩子提供一个优良的"生态环境",这种环境可以解释为和谐的家庭氛围,父母平和、放松的情绪以及大家都爱学习的行为榜样。其余的,真的无须做得太多。

### 意识3:平等意识

有人会觉得,孩子尚且年幼,不能保护自己,也缺乏判断能力,这时候父母不应该多干预、多替他们做主吗?这样的想法,其实对了一半。越小的孩子,的确自我保护的能力和自我管理能力越弱,需要家人细致的照顾。但他们绝不缺乏判断力,并且他们的感受能力、学习能力是非常强大的。理解了这一点,父母才更容易把握保护和放手之间的度。

我的女儿在八个月大的时候,对水壶烧水很感兴趣,特别是对壶嘴里面喷出的水蒸气更加着迷。每次看到这个场景的时候,她就想要用手去摸水壶。如果只是阻止孩子做这件事情,并不能保证孩子下次不会因为好奇心继续尝试。而且,这还让孩子错过了一次很好的学习机会。于是,我决定满足她的好奇心。我跟孩子说:"现在不能摸,但是爸爸等会儿可以让你尝试一下。"她似乎也同意了我的方案。于是,我等到水壶里面的水降到有一点烫,但不会烫伤的温度,然后在孩子面前先示范一下如何摸水壶——轻轻地摸了一下,然后迅速地把手撤回来,并且大喊一声"烫"。看到这个场景,她也谨慎地学着我的样子,把小手往水壶上试探了一下,发现有热的感觉,就迅速地把手撤回。我问了一句："宝贝,你还想尝试吗?"她的头摇得像拨浪鼓一样,表示不想尝试了。从此以后,每当她听到"烫"的警告后,都会特别小心,并且也学会了一些降温的方法。

无论孩子的年龄多大,我们都要把他们当成独立的个体来对待。特别是要提升对他们的尊重、理解和相信的能力。我们不应该在孩子小的时候没有原则地逗弄他们,因为他们并不是长大以后才具备被尊重的资格。

平等意识并不是一味地要求父母放低姿态,而更重要的是鼓励孩子作为独立的个体承担属于他的那份责任。

以上分享了在意识层面的三项能力,接下来我们再看一下在正确回应孩子方面应该具备哪些能力。

### 动作1:以自主为目的的参与

关于要不要参与到孩子具体的学习行为中,就算是教育专家之间也会有所争论。也有一些成功的"虎妈""狼爸"培养出了成绩优秀的孩子,他们经常被拿出来作为父母应该深度干预的证据。但这其实并不是一个有效的问题,我们完全没有必要争论父母要不要参与,因为对于孩子学习的关注与参与毋庸置疑是有意义的,关键是要看清楚,我们是以什么为目的的参与。

*有个渔人有着一流的捕鱼技术,被人们尊称为"渔王"。然而"渔*

## 第八章 自主学习：父母应该扮演什么角色

王"年老的时候非常苦恼，因为他三个儿子的渔技都很平庸。

于是他经常向人诉说心中的苦恼："我真不明白，我捕鱼的技术这么好，我的儿子们为什么这么差？我从他们懂事起就传授捕鱼技术给他们，从最基本的东西教起，告诉他们怎样织网最容易捕捉到鱼，怎样划船最不会惊动鱼，怎样下网才能捕到更多的鱼。他们长大了，我又教他们怎样识潮汐、辨鱼汛。凡是我长年辛辛苦苦总结出来的经验，我都毫无保留地传授给了他们，可他们的捕鱼技术竟然赶不上技术比我差的渔民的儿子！"

一位路人听了他的诉说后，问："你一直手把手地教他们吗？"

"是的，为了让他们得到一流的捕鱼技术，我教得很仔细、很耐心。"

"他们一直跟随着你吗？"

"是的，为了让他们少走弯路，我一直让他们跟着我学。"

可见，"渔王"把教会孩子学习捕鱼技术这件事当成了传授知识，而不是促进孩子们自己探索、感受，并且总结出属于他们自己的经验教训。

我在和朱丹老师直播的时候，也经常收到父母的提问——要不要陪孩子写作业？我们的一致回答是——要！但是应该以"不陪"作为目标。在小学阶段，朱丹陪伴女儿写作业的时间加起来总共有一个月的时间。在这一个月时间里面，她并没有参与到孩子具体的学习内容中，也从来不帮助孩子温习功课。她主要帮助孩子为可能会遇到的问题做准备。比如遇到不会做的题目怎么办，如果写作业前有一件很有诱惑力的事情要怎么安排，先做什么作业效率会更高，如果写作业的时候很疲惫应该怎么办，前一天的作业有错题如何处理，等等。这样，所有陪伴都在于帮助孩子建立一个自行处理问题的系统，真正做到了授人以渔。

在这个问题上，我相信技术可以帮助我们用更合适的方式陪伴孩子写作业，实现恰到好处的参与。比如，父母可以使用我在第三章中提到过的"大力智能家教灯"，通过手机端的绑定来参与辅导，让孩子更加独立地写作业。同时，配合孩子的作业规划和完成进度，适时查看他们的作业计划是否合理，为孩子生成错题的定制练习，从"家教灯"提供的报告中了解孩子的学习状态。这就减少了冲突，实现了无压迫感的陪伴。

当然，一定要注意，千万不能把技术当成"监控"孩子、批评孩子的工具。正确的做法是通过这个小工具更多地了解孩子的学习情况，参考反馈的个性化数据，重新调整家庭教育方案，给孩子提供更精准的帮助。

试想一下，如果渔王也有一个记录儿子捕鱼数据的 APP，就更容易发现每个儿子的技术漏洞在哪里：是没有选择正确的水域，还是收网的时候不够及时，或者是没有察觉气候的影响。不用过多的说教，只是基于客观的反馈进行及时、具体的引导，他的儿子会不会进步得更快呢？

## 动作 2：和孩子站在一起

伟大的篮球教练菲尔·杰克逊（Phil Jackson）曾经在竞争激烈的 NBA 篮球联赛中带队获得过 11 次总冠军，他也是"篮球之神"迈克尔·乔丹和"黑曼巴"科比·布莱恩特当时的主教练。在接受采访的时候，他被问到带队的秘诀是什么，杰克逊说："其实主教练的工作更多的是建立好与球员的关系，关键要和他们站在一起。而战术、应变的重要程度应该放在更次要的位置。"最杰出的教练，道出了激发队员潜能的关键因素——和他们站在一起。

作为父母，我们很容易把自己和孩子变成管理者与被管理者，甚至是一种对抗的关系。这使得双方很难有直达心灵深处的交流。所以，在很多时候，我们要做的就是和孩子站在一起。面对作业我们站在一起，面对权威我们站在一起，面对困难我们站在一起，面对家庭的决策我们也站在一起。"站在一起"会营造出巨大的归属感，而归属感造就责任感，也会让孩子觉得有力量。

很多父母在孩子遇到困惑或者犯下错误的时候，第一时间给到的不是支持和理解，而是居高临下地站在教育者的位置上，从道德的角度上进行批判。父母天然地认为，孩子出问题就应该管教。但不幸的是，一旦对抗形成，父母所期望的"教"不但没有效果，反而会让自己和孩子越来越远。尚且年幼的孩子会因为力量不足而选择服从。而一旦他们长大，自我意识不断觉醒，他们便会更加用力地挣脱控制，甚至这种挣脱会变成非理性的行为，比如任何事情都会和父母反着来，而完全忽略客观事实。

当然，这里有一个很重要的注意点：和孩子站在一起不等于无原则地允许他们的一切行为，甚至包庇、纵容。比如孩子回家说不想做作业，结果父母说："没事，那就不写了吧！我到时候跟老师编个理由，说你不舒服。"孩子在外面惹了祸，因为一件小事把别人打伤了，父母说："孩子还小，不懂事。"这都不是和孩子站在一起，也并没有理解他们，而是出于偏爱的本能，代替他们处理问题。而和孩子站在一起，意味着父母要和他共同面对问题，并且作为他的后盾促进问题的解决。比如，遇到以上类似的问题，可以进行这样的对话：

孩子：我今天不想写作业！

家长：是吗？能告诉我原因吗？

孩子：就是不想写！

家长：看来你现在有些情绪，我感觉你现在确实也没心情写作业，那我们坐下来聊聊吧！

孩子：英语老师说我没救了，上个星期的单词都默写不出，还让我罚站。其实他就抽到了我最不熟悉的两个单词。

家长：我想你一定很生气吧！

孩子：当然啦！

家长：我觉得这是个糟糕的说法，有谁会因为一次失败，就没救了呢?

孩子：对啊!

家长：你会因为老师说你没救了，就真的变差吗?

孩子：我才不会呢!

家长：我们有什么办法吗?

孩子：我不想见到她!

家长：这确实是一个办法，有没有更好的？毕竟你要继续上学的话，一周要见老师3次呢!

孩子：是啊，那我下次提前准备好，她要默写我就主动举手。全部写出来，用事实来证明自己的能力。

家长：我都想不出比这更好的办法了！我来想想如何帮你实现。

和孩子站在一起时，我们就像是一个生活经验更丰富的伙伴，陪着孩子找方案。在这个过程中，我们无须评判他们的想法，而是要引发他们从不同的角度思考，把他们从情绪的泥潭里拉回理智当中。所以，要做好一位园丁型教练，除了保持觉察、与孩子站在一起之外，还有一些能力是我们需要培养的。包括耐心的支持、对孩子保持好奇心、认真倾听和允许他们犯错。

### 动作3：暗示而非明示

常有人说："我们听了很多道理，却依然过不好这一生。"其实，道理听得越多,可能越难过好这一生。因为,当道理和我们本来的观念产生冲突的时候,我们的自然反应并不是马上行动,改变自己,而是把自己之前的行为合理化。美国心理学家利昂·费斯廷格提出的认知失调理论认为:一个人对一件事情的态度和行为是相互协调的,当态度和行为不协调的时候,人就会紧张。为了消除紧张,人倾向于使用改变认知、增加新的认知、改变认知的相对重要性、改变行为等方法来力图重新恢复平衡。

以戒烟为例,有人很想戒掉烟瘾,但当他的好朋友给他香烟的时候,他没忍住抽了一支。这时候戒烟的态度和抽烟的行为产生了矛盾,引起了认知失调。此人大概会采用以下几种方法减少由于戒烟而引起的认知失调:

1. 改变认知的重要性:抽烟可以放松身心,这比担心30年后患癌更重要。

2. 增加更多一致性的认知:虽然吸烟有害健康,但是现在紧张更不利于我的健康。

3. 改变一种不协调的认知成分:我就这点爱好,干吗一定要戒呢?

所以,很多时候对那些烟民说吸烟有多大的危害、有多大得癌症的概率,并不能让他们产生实质性的行为改变。但是,通过暗示的方法,效果却有所不同。暗示包括了隐喻、行为榜样和环境氛围等方式。

我读研究生时的导师原本是个"老烟枪",烟龄超过了 30 年。因为有一次到加拿大做访问学者,发现整个办公室的同事没有一个人抽烟,而且生活习惯都很健康。他身上 30 多年的烟瘾,竟然就被这短短三个月的访学经历给戒掉了,从此再也没有抽过一支烟。

同理,我们希望孩子爱上学习,大可对学习只字不提,而是给他们讲一些隐喻故事,很多的著名的动画片都传递着一些有意义的隐喻。比如《疯狂动物城》传递的是"天性如何并不重要,重要的是你开始改变";《无敌破坏王》传递的是"世界角色再多,还是做自己最好"。大量的优秀绘本也都蕴含着塑造价值观的隐喻。当然,效果最好的暗示,就是你不动声色地用你希望看到的行为,作为孩子的榜样。

### 父母双方都要积极参与教育

在父母陪伴孩子学习的过程中,有一个问题经常被我们忽略,那就是父母和孩子之间的性别搭配,会因为不同的组合而带来差异。一般来说,如果妈妈是女儿的主要学习陪伴者,那么父母和女儿的关系会相对融洽,而如果妈妈是儿子的主要学习陪伴者,她可能更容易产生焦虑,父母也可能更容易与孩子之间发生冲突。这是因为男性和女性处理多巴胺的惯用方式不同。女孩通常在学校中更加平和、更少惹是生非;她们更富有同情心,也更担心自己会让老师失望;而且她们更习惯于持续不懈地努力,力量使用比较平均。所以,如果妈妈作为女儿的主要陪伴者,父母可能会更容易认同女儿的学习模式。而男孩特别是在年龄小的时候，很难心平气和地处理好人际关系，更容易和同学产生冲突，甚至出现暴力事件。并且，男孩更喜欢在学习上拖延，必须要等到压力足够大的时候，再开始努力学习，临时抱佛脚也更是家常便饭。所以，作为妈妈也很难理解他们为什么要这样来对待学习。而我们发现，很多父亲对儿子的学习方式或行为习惯总体来说会更加理解，也表现得更放松。这也是为什么，如果父母双方都能够参与到孩子的教育和学习当中，更有利于产生比较合理的辅助策略的原因。

# 参考文献

[1] 帕帕拉, 奥尔兹, 费尔德曼. 发展心理学——从生命早期到青春期（10版）[M]. 李西营, 译. 北京：人民邮电出版社, 2013.

[2] 蒙台梭利. 蒙台梭利儿童敏感期手册[M]. 蒙台梭利丛书编委会, 译. 北京：中国妇女出版社, 2016.

[3] 蒙台梭利. 童年的秘密[M]. 金晶, 孔伟, 译. 北京：中国长安出版社, 2017.

[4] 布莱克曼. 心灵的面具：101种心理防御[M]. 毛文娟, 王韶宇, 译. 上海：华东师范大学出版社, 2011.

[5] 艾萨克森. 乔布斯传[M]. 管延, 译. 北京：中信出版社, 2011.

[6] 魏知超, 王晓微. 进击的心智：优化思维和明智行动的心理学新知[M]. 北京：机械工业出版社, 2019.

[7] 万斯. 硅谷钢铁侠：埃隆·马斯克的冒险人生[M]. 周恒星, 译. 北京：中信出版社, 2016.

[8] 克鲁斯. 高效15法则[M]. 高欣, 译. 北京：中国友谊出版社, 2017.

[9] 范德维尔. 利维·维果斯基[M]. 郭冰, 译. 哈尔滨：黑龙江教育出版社, 2017.

[10] 麦格尼格尔. 游戏改变世界[M]. 闾佳, 译. 杭州：浙江人民出版社, 2012.

[11] 艾利克森. 刻意练习：如何从新手到大师[M]. 王正林, 译. 北京：机械工业出版社, 2016.

[12] 兰德尔. 时间管理——如何充分利用你的24小时[M]. 舒建广, 译. 上海：上海交通大学出版社, 2012.

[13] 沃切尔. 社会心理学[M]. 金盛华, 译. 南京：江苏教育出版社, 2008.

[14] 朱丹. 爱你365天：积极心理学理论指导下的家庭教育[M]. 长沙：湖南教育出版社, 2017.

[15] 达克沃斯. 坚毅[M]. 安妮, 译. 北京：中信出版社, 2017.

[16] 加德纳. 多元智能新视野 [M]. 沈致隆, 译. 杭州：浙江人民出版社, 2017.

[17] 谢家华. 三双鞋 [M]. 北京：中华工商联合出版社, 2011.

[18] 契克森米哈赖. 心流 [M]. 张定绮, 译. 北京：中信出版社, 2017.

[19] 稻盛和夫. 干法 [M]. 曹岫云, 译. 北京：机械工业出版社, 2019.

[20] 葛文德. 清单革命 [M]. 王佳艺, 译. 北京：北京联合出版社, 2017.

[21] 德韦克. 终身成长 [M]. 楚祎楠, 译. 南昌：江西人民出版社, 2017.

[22] 拉赞比. 乔丹传 [M]. 虎扑翻译团, 译. 北京：新世界出版社, 2016.

[23] 怀斯曼. 59秒心理学 [M]. 冯杨, 译. 太原：山西人民出版社, 2009.

[24] 托德老师. 超实用儿童心理学 [M]. 北京：机械工业出版社, 2019.

[25] 斯蒂克斯鲁德. 自驱型成长 [M]. 叶壮, 译. 北京：机械工业出版社, 2020.

[26] 陈琦, 刘儒德. 教育心理学 [M]. 北京：北京师范大学出版社, 2019.

[27] 塞妮亚. 塔木德 [M]. 上海：上海三联书店, 2015.

[28] 吉尔伯特. 哈佛幸福课 [M]. 张岩, 时宏, 译. 北京：中信出版社, 2018.

[29] 韦纳. 世界上最幸福的地方 [M]. 文佳, 译. 长沙：湖南文艺出版社, 2009.

[30] 高普尼克. 园丁与木匠 [M]. 刘家杰, 赵昱鲲, 译. 杭州：浙江人民出版社, 2019.

[31] 惠特默. 高绩效教练 [M]. 林菲, 徐中, 译. 北京：机械工业出版社, 2013.

[32] 奥克利. 学习之道 [M]. 教育无边界字幕组, 译. 北京：机械工业出版社, 2016.

[33] 杰克逊, 迪里汉提. 11枚戒指："禅师"菲尔·杰克逊自传 [M]. 傅婧瑛, 译. 北京：北京联合出版社, 2014.

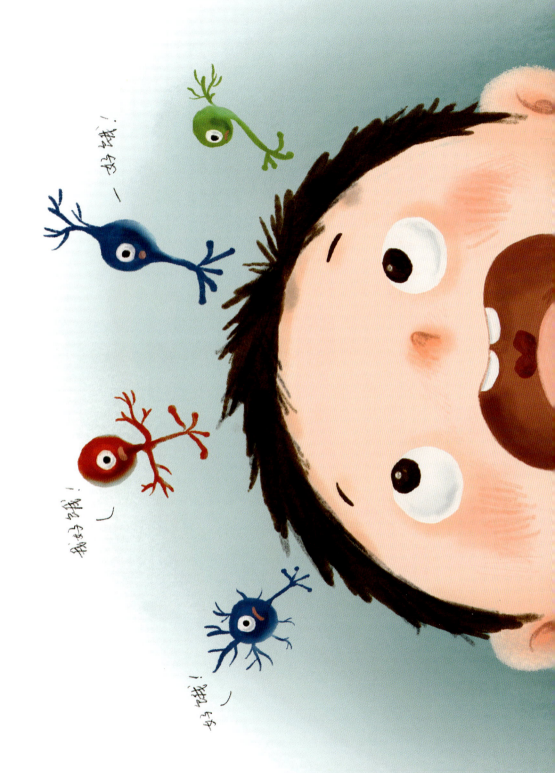

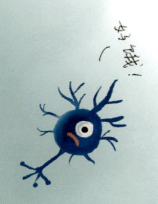

这本书属于可爱好学的————。

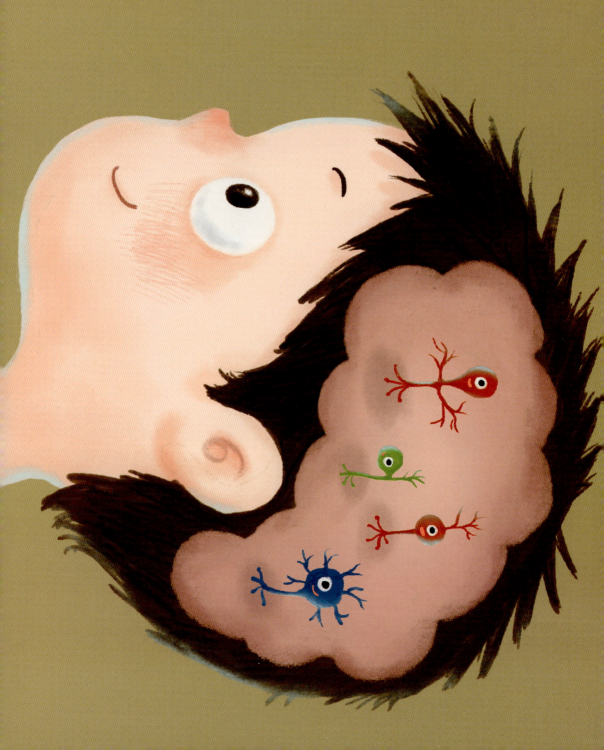

阿元的小脑瓜里，住着一群奇怪的小家伙，他们的名字叫"神经元宝宝"。神经元宝宝长得有些奇特，大大的脑袋，长长的身子，有的还戴着小小的帽子。阿元可喜欢他们了。

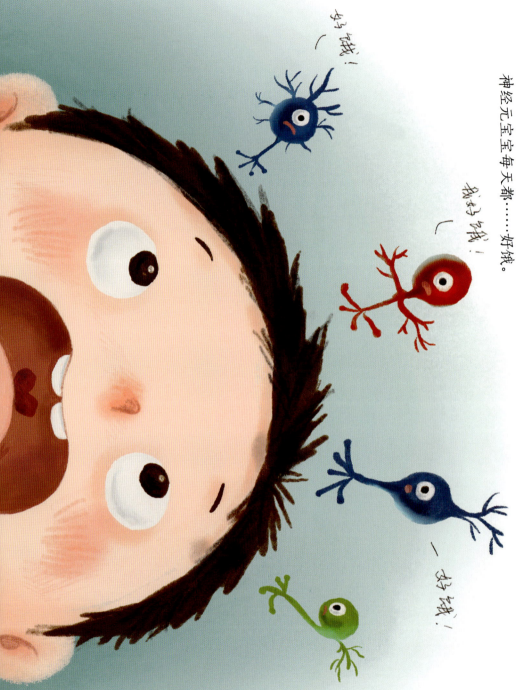

神经元宝宝越胖，小主人阿元就越聪明。可是，有一件事情让阿元很苦恼——这些神经元宝宝每天都……好饿。

阿元一早起来，就听到神经元宝宝叫嚷着"好饿好饿"。阿元很着急，怎么才能喂饱他们呢？

阿元吃了好多好多面包，然后问神经元宝宝："你们饱了吗？"回答仍是"好饿，好饿"。阿元再喝水，问神经元宝宝："你们饱了吗？"回答还是"好饿，好饿"。

阿元着急了,跑去问妈妈:"妈妈妈妈,我怎么才能喂饱我的神经元宝宝呢?"

妈妈笑眯眯地说:"神经元宝宝可不是'肚子宝宝'哦,'肚子宝宝'只要吃东西就可以饱饱的,但神经元宝宝……吃东西可'吃不饱'。"

阿元迫不及待地追问:"那什么可以喂饱神经元宝宝呢?"

妈妈神秘地说:"每个小朋友都需要自己找到喂饱他们的办法。妈妈不能直接告诉你,但是我要提示你两个字——经历。"

"经历?"阿元不懂,"什么是经历?"

妈妈继续神秘地说:"阿元,我已经说完啦!你自己思考,用我的提示去找答案吧!"

阿元不知道怎么办才好，苦恼极了。他坐在书桌前冥思苦想："神经元宝宝，你们好些了吗？"回答他的还是"好饿，好饿"。

阿元忽然想起来，爸爸每次遇到难题的时候，都是跑到书房去看书。所以，他也学着爸爸的样子，翻起书来。

他无意中打开了一本带插图的故事书，看到一个非常好玩的故事。故事太好看了，阿元忍不住读出声来。虽然还有一些字不认识，但因为有图画，阿元还是可以毫不费力地理解所有的情节。

就这样，读着读着，他突然听到一个又一个小小的声音："好吃，好吃，好好吃！"

阿元凉来了,赶紧跑过去告诉妈妈:"妈妈妈妈,我的神经元宝宝吃东西了!"妈妈笑了:"那么,你觉得什么可以喂他们?"

阿元大叫起来:"我知道了,我读书学习,可以喂他们!"妈妈和阿元一起笑起来。

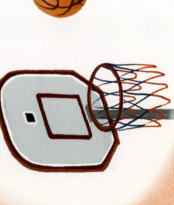

从这天开始,阿元就用"学习"作为食物,喂神经元宝宝了。他阅读的时候,神经元宝宝会开心地叫"好吃,好吃";他做算术题的时候,神经元宝宝也会叫"好吃";他打球的时候,神经元宝宝还会开心地叫"好吃,好吃"。神经元宝宝在阿元的喂养下,茁壮成长。

阿元心想:"我终于找到答案啦!学习可以喂饱这些小家伙,我也会变得越来越聪明的。"

正当他这么想的时候,却突然听到了另外一群小家伙的声音:"小主人,你可真偏心啊!只喂饱了那些红宝宝,我们这些蓝宝宝你就不管不顾了吗?你看,我们都瘦成什么样了?"

阿元心里一惊,连忙问:"对不起,我要怎么做才能喂饱你们呢?"

神经元蓝宝宝说:"每个小朋友都需要自己找到喂饱我们的方法!"

阿元这下子伤脑筋了,到底怎么做才能把神经元宝宝都喂饱呢?

阿元又去问妈妈,可是妈妈还是重复着之前的那句话:"你要记住'经历'两个字!"然后就什么都不说了。

有一天，好朋友壮壮来阿元家里下棋。结果，阿元连输了三盘。他难过极了，嘴巴一噘，眼泪已经在眼眶里打转了。

当阿元快哭出来的时候，突然听到了神经元宝宝的笑声："好吃，好吃，太好吃了！"这回好像是蓝宝宝的声音。

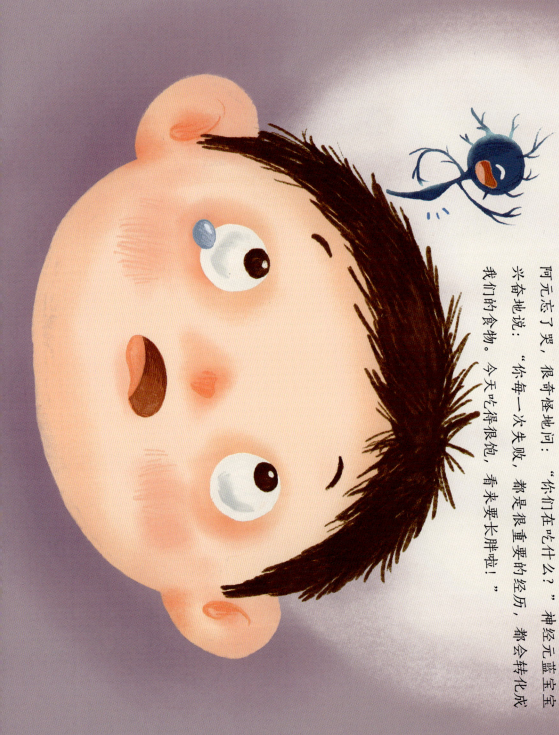

阿元忘了哭,很奇怪地问:"你们在吃什么?"神经元蓝宝宝兴奋地说:"你每一次失败,都是很重要的经历,都会转化成我们的食物。今天吃得很饱,看来要长胖啦!"

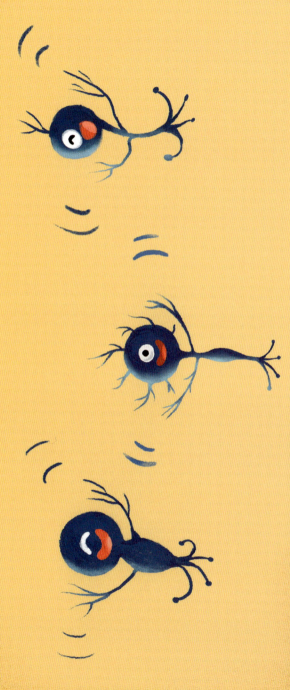

阿元一下子激动起来:"真的?失败的经历可以喂饱你们?"

神经元蓝宝宝挥动着小手,告诉阿元:"对啊,失败也是非常重要的经历啊!"

阿元一下子明白了:"我知道了,失败了,我就会发现问题出在哪里,然后就能获得一些新经验!"

神经元蓝宝宝高兴极了,连连表扬阿元:"是啊,是啊,我们很喜欢吃阿元通过失败得到的经验。"

阿元兴奋极了，原来失败能喂神经元宝宝的，除了学习，还有错误、失败这样的经历。通过犯错误、体验失败，阿元的经历更丰富了，神经元宝宝的食物也更丰盛了。红宝宝和蓝宝宝都很满意！

以前，阿元很害怕失败，以为大家会觉得他不聪明。但现在阿元不再害怕了，因为失败可以喂饱神经元宝宝，神经元宝宝吃得越饱，长得越壮，阿元就越聪明。

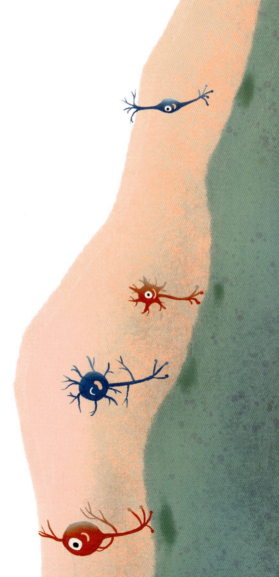

阿元每天都用"经历"来喂养自己的神经元宝宝。他认真学习的时候，神经元宝宝会说"好吃，好吃"；他玩耍的时候，神经元宝宝也会说"好吃，好吃"；他失败的时候，神经元宝宝依旧在说"好吃，好吃"；他成功的时候，神经元宝宝还是会说"好吃"。

不断用各种经历喂饱神经元宝宝的阿元，从此也变得越来越聪明了。